Le grand liv la mythologie nordique pour enfants

Tout sur les mythes et legendes des contes nordiques, les dieux nordiques et monstreset créatures de la mythologie

Avec des images à colorier

Lasse Karlsson

Première édition originale

Mention légale :

Book Shelter GmbH
Aufhäuserstraße 64
30457 Hannover
Germany

Sommaire

1.
Préface

Les anciens dieux ne vivent plus aujourd'hui que dans des histoires, et nous en connaissons certains mieux que d'autres. Les dieux grecs et romains n'ont jamais complètement disparu de notre mémoire. Ils apparaissent ici et là dans notre quotidien, ont par exemple donné leurs noms à nos planètes - vous les connaissez certainement : Mercure, Vénus, Mars, Jupiter, Saturne, Uranus et Neptune.

2. L'origine del mondo e la nascita degli dei

Au commencement était l'abîme. Un vide béant, dans lequel il n'y avait ni ciel ni terre, ni terre ni mer. C'était un seul et immense néant. Ce gouffre sombre et terrifiant s'appelait Ginnungagap. Au bord nord de cet immense trou béant s'élevait le froid glacial de Niflheim, le monde obscur du brouillard, où régnait un hiver éternel et où l'on ne trouvait rien d'autre que le gel et la neige. Au sud de Ginnungagap, la situation était exactement différente : ici, un feu furieux faisait rage, un brasier toujours ardent, appelé Muspellsheim. Seul l'abîme muet séparait les puissances colériques du feu et de la glace.

Niflheim / Muspellsheim

Le géant Ymir et la vache Audhumbla

Un jour, un jour inconnu dans la lointaine préhistoire, le feu brûlant et la glace froide se sont rencontrés. Et cela se passa ainsi : au cœur de Nifl-heim, le monde des brumes, jaillissait une source appelée Hvergelmir. Elle donnait tant d'eau qu'elle suffisait à alimenter plusieurs rivières. Mais l'eau de ces rivières était si glacée qu'aucun poisson ni aucun être vivant ne pouvait y nager. On les appelait les Elivagar, les onze fleuves de glace empoisonnés. Plus ils s'éloignaient de leur source, plus ils devenaient froids, jusqu'à ce qu'ils soient complètement gelés et se transforment en un mur de glace. Comme l'eau jaillissait de plus en plus de la source Hvergelmir, il y eut bientôt de plus en plus de glace - jusqu'à ce qu'elle s'élève en montagnes gigantesques bien au-delà de l'abîme Ginnungagap.

Ymir avec sa vache Audhumbla

Lorsque la glace atteignit une telle hauteur, les flammes du royaume du feu de Muspellsheim, elles aussi très hautes, la virent et s'en irritèrent. Elles la léchèrent avec rage, mais ne purent l'atteindre - le gouffre de Ginnungagap était encore trop large. Seules quelques-unes de leurs étincelles de colère volèrent au-dessus du gouffre et atteignirent le sommet des icebergs. La glace fondit et s'effondra dans les profondeurs avec les étincelles de feu. Il y eut alors un grondement et, soudain et de manière inattendue, une silhouette terrifiante s'éleva du gouffre rempli de feu et d'eau : le géant primitif Ymir. Et il n'était pas seul !

Le géant Ymir était accompagné de son animal de compagnie. Mais il ne s'agissait pas d'un chien, d'un chat ou d'un hamster. L'animal de compagnie de Ymir était une vache géante, presque aussi grande que lui. Cette vache s'appelait Audhumbla et ses mamelles produisaient tellement de lait que même le géant Ymir, toujours affamé, en était rassasié. Lorsque la vache Audhumbla avait faim, elle léchait la glace, dont il restait bien sûr une grande quantité, car les étincelles enflammées n'en avaient fait fondre qu'une petite partie. La glace n'avait pas le goût de vanille, de fraise ou de chocolat que vous connaissez aujourd'hui, mais de sel. Audhumbla l'aimait bien.

Buri de la glace

Cela dura un bon moment. Le géant Ymir buvait du lait ou dormait (parfois il faisait les deux en même temps) et la vache Audhumbla léchait l'iceberg. Imaginez maintenant la surprise de la brave vache lorsqu'elle découvrit soudain un petit doigt sous la glace ! Et alors qu'elle le suçait encore avec étonnement et curiosité, un deuxième doigt apparut. Et tout de suite un autre ! Et encore un autre ! Finalement, il y avait cinq doigts et donc une main entière ! La main fut suivie d'un bras, d'une épaule, d'un cou - et à la fin, une tête entière émergea de la glace

Buri sort de la glace

! Une tête très humaine, avec des yeux bienveillants et des cheveux bouclés. Les yeux sympathiques clignaient en conspirant vers la vache.

« Bonjour », dit la tête. « Je suis Buri. Et toi, qui es-tu ? » La vache Audhumbla ne répondit rien, après tout, c'était une vache et elle ne pouvait pas parler. Mais elle fit un meuh très poli et continua à libérer Buri de la glace. Comme Audhumbla ne pouvait pas parler, elle ne pouvait pas non plus poser de questions. Sinon, elle aurait certainement demandé à Buri comment il s'était retrouvé dans la glace. Mais comme elle ne l'a pas fait, personne ne sait encore aujourd'hui ce que Buri faisait dans la glace. Personne ne sait non plus comment s'appelait sa femme, ni si elle venait de la glace comme lui - la seule chose certaine, c'est qu'il en avait une, car il avait beaucoup d'enfants et de petits-enfants. Et pour cela, un homme a besoin d'une femme, non ?

Buri ne s'entendait pas très bien avec le géant Ymir. Ce n'était pas du tout à cause de lui, car c'était un compagnon très aimable et gentil. Mais le géant Ymir était un ogre malveillant et cruel qui ne voulait pas partager son monde avec les petits humains. Il harcelait le pauvre Buri et ses enfants et les obligeait à le servir. Ils devaient lui masser les orteils, lui apporter un oreiller pour sa tête et, en général, faire tout ce qu'il voulait. Il n'est donc pas étonnant que Buri et les autres en aient vite eu assez. Ils réfléchissaient en secret à la meilleure façon de se débarrasser de ce tyran féroce.

Odin et ses frères

Mais il n'est pas si facile de se débarrasser d'un géant ! Et Ymir n'était pas n'importe quel géant - c'était le terrifiant et gigantesque géant primitif qui, par sa simple apparition, terrifiait les gens. Ymir était plus fort que tous les autres et c'était une brute violente. Il n'est donc pas étonnant que personne n'ait osé se rebeller contre lui. Seuls les petits-enfants de Buri, trois jeunes hommes courageux et robustes nommés Odin, Vili et Ve, prirent leur courage à deux mains pour affronter le terrible géant Ymir. Ils comprirent qu'ils n'avaient qu'une seule chance : ils devaient travailler ensemble ! Individuellement, ils ne représentaient aucun danger pour le géant, mais ensemble, ils pouvaient le vaincre.

Il y eut beaucoup de coups et le géant Ymir ne savait pas ce qui lui arrivait - car bien sûr, il n'avait jamais pensé que quelques-unes des petites gens qu'il aimait tant harceler à longueur de journée se soulèveraient contre lui. Mais les trois jeunes hommes, Odin, Vili et Ve, sont venus sur lui et l'ont tué. Oui, les choses étaient si rudes et si dures à l'époque, on ne faisait pas de prisonniers ! Il n'y avait d'ailleurs pas encore de prisons où les enfermer. Et le géant Ymir aurait de toute façon été bien trop grand pour n'importe quelle cellule.

Odin et ses frères dans le nouveau monde

Après qu'Odin et ses frères Vili et Ve eurent tué le géant Ymir, ils commencèrent à construire un nouveau monde plus beau à partir de ses restes. Odin, le plus intelligent des trois, guida ses frères dans cette entreprise. La chair du géant originel devint une terre fertile, ses os et ses dents des montagnes et des rochers. Les cheveux épais et hirsutes d'Ymir devinrent des arbres, des buissons et de l'herbe. Les frères contemplèrent leur œuvre et furent très fiers d'eux : « Nous avons créé un nouveau monde », dit Odin. « Maintenant, nous ne sommes plus des hommes - nous sommes des dieux » !

Yggdrasil, l'arbre du monde

Le cœur du nouveau monde était un arbre, un immense frêne dont les racines s'enfonçaient dans les profondeurs du monde et dont les plus hautes branches atteignaient l'extrémité du ciel. Le dragon Nidhögg s'installa à l'ombre des racines. Nidhögg était un compagnon plutôt maussade et grincheux, ce qui était probablement dû à son estomac sensible. C'est pourquoi il mangeait rarement des humains et se nourrissait principalement de thé de racines saines provenant du bois de frêne commun.

L'ennemi préféré de Nidhögg était Orn, un aigle géant et clairvoyant perché dans la couronne de l'arbre Yggdrasil. En fait, l'aigle et le dragon auraient pu s'éviter, mais il y avait aussi le petit écureuil Ratatösk : il était plutôt mouchard et courait sans cesse entre la cime et la racine pour raconter tout de suite au dragon ce que l'aigle avait dit de lui et vice versa. Et de temps en temps, il inventait aussi quelques insultes pour mettre de l'ambiance. L'écureuil Ratatösk s'en donnait à cœur joie et riait jusqu'à en avoir mal au ventre.

Nidhögg était tellement irrité par les insultes de l'aigle qu'il devait boire de plus en plus de thé aux racines. Comme l'arbre du monde perdait ainsi chaque jour un peu plus de ses racines, il oscillait parfois considérablement et il semblait qu'un jour Yggdrasil s'effondrerait et ensevelirait le monde sous lui. Cet aigle insolent perdrait alors son nid ! Cette idée plaisait beaucoup au dragon et il continuait à ronger les racines de l'arbre du monde.

Le monde humain de Midgard

Les dieux ne se rendaient pas compte de tout cela et ne s'intéressaient pas vraiment à la querelle du dragon et de l'aigle. Ils avaient bien d'autres soucis. « Si nous sommes des dieux maintenant, nous avons besoin de nouveaux humains ! », expliqua Vili. « Sinon, nous n'aurons pas de fidèles », compléta Ve. « Et les dieux sans fidèles ne sont pas de vrais dieux ». Odin partagea l'avis de ses frères. « Nous avons besoin d'humains - alors nous allons en fabriquer ». Les dieux taillèrent un homme et une femme dans deux troncs d'arbres qui se trouvaient sur la plage de la mer du Nouveau Monde. Et comme ils étaient des dieux, ils donnèrent rapidement vie aux hommes de bois avec des étincelles de feu et de glace.

Les dieux baptisèrent l'homme Ask et sa femme Embla. Odin et ses frères ne leur donnèrent pas seulement leur vie et leur nom, mais aussi une terre à eux, où ils pouvaient cultiver, élever du bétail et chasser. Cette terre, qui ne devait appartenir qu'aux hommes, fut appelée Midgard. Ce nom signifie « lieu du milieu » et fait référence à la situation du monde des hommes entre le royaume de feu de Muspellsheim et le monde de glace de Niflheim. Au milieu, là où l'énorme gouffre Ginnungagap était autrefois béant, se développaient maintenant des champs fertiles et des forêts riches en bois.

Ask et sa femme Embla

Cultiver Midgard était une tâche énorme qu'Ask et Embla ne pouvaient pas accomplir seuls. C'est pourquoi ils eurent de nombreux enfants et petits-enfants qui les aidèrent dans leur travail. Tout comme Odin ne pu vaincre le géant Ymir qu'avec l'aide de ses frères, Ask et Embla ne purent faire de Midgard un endroit prospère qu'avec l'aide de leur famille. Les dieux autour d'Odin les regardaient faire et se réjouissaient de voir que leur plan avait si bien fonctionné.

Le château des dieux d'Asgard

« Nous sommes des dieux, nous ne pouvons pas vivre avec les hommes. Ce n'est pas convenable », expliqua Odin à ses frères, et Vili et Ve approuvèrent. Avec les derniers restes d'Ymir, qu'ils avaient gardés pour les temps difficiles, ils se construisirent un magnifique château dans les nuages. Ils appelèrent ce magnifique château Asgard et se nommèrent eux-mêmes Ases.

Pour les humains, le départ des Ases pour Asgard, bien au-dessus des nuages, présentait à la fois des avantages et des inconvénients. D'une part, ils pouvaient bien sûr profiter d'un peu plus de liberté, car les dieux n'étaient plus constamment sur leur dos et ne contrôlaient plus leurs faits et gestes. Mais d'un autre côté, l'absence des dieux les privait d'une partie de la protection qu'ils offraient.

Les héros de Midgard

Régulièrement, des monstres surgissaient des lointaines brumes du nord pour voler les récoltes des hommes, n'hésitant pas à recourir à la violence. Les hommes savaient qu'ils devaient se défendre contre ce danger s'ils voulaient continuer à vivre à Midgard. Les plus courageux d'entre eux ont donc commencé à chasser et à tuer les monstres. C'est ainsi que commença l'ère des héros, dont nous présenterons quelques-uns des plus célèbres dans les chapitres suivants.

Le mythe moderne : ensemble, on peut tout faire

N'est-il pas étonnant de voir tout ce que l'on peut faire à partir de rien quand on a de bons amis et une famille ? Seul, même l'homme le plus courageux n'aurait eu aucune chance contre le gigantesque géant Ymir. Ce n'est qu'avec l'aide de ses frères qu'Odin a pu vaincre le tyran. Et seuls les trois frères réunis ont pu créer un nouveau monde à partir des membres du géant, un monde qui est devenu une patrie pour les hommes. Et les humains ? Ils ont donné à ce monde un visage accueillant. Cela aussi n'a été possible que parce que de nombreux hommes et femmes isolés ont uni leurs différents talents et intérêts.

Si vous voulez réaliser quelque chose dans votre vie, ne vous focalisez pas uniquement sur vous-même et n'essayez pas de tout faire seul. En compagnie d'autres personnes, tout est non seulement beaucoup plus facile, mais aussi beaucoup plus amusant !

Soupe de lettres :

Q	W	G	O	T	H	S	R	A	G	N	A	R	Q
H	V	E	F	V	P	B	V	V	U	T	B	G	O
Q	G	C	R	A	M	R	Y	H	O	O	G	A	U
K	E	A	I	P	D	E	K	J	D	F	G	G	B
H	S	H	D	A	Z	K	S	S	I	A	E	I	J
R	T	Y	T	R	N	A	Y	Q	N	L	R	E	G
N	U	K	H	F	M	U	N	R	T	H	O	R	A
Z	M	P	J	J	B	B	G	X	H	T	Q	E	V
E	B	X	O	D	U	G	V	L	B	O	A	Q	H
B	L	L	F	X	R	U	I	O	N	A	N	A	Z
Z	I	E	D	U	I	C	O	P	E	V	O	K	W
V	N	C	H	E	I	D	R	E	K	R	E	T	C
C	D	N	X	O	X	E	V	X	L	E	O	Y	R
U	I	W	X	S	A	N	G	A	T	Y	R	K	U

Mots clés :

Angatyr
Breka
Buri
Fridthjof
Gestumblindi
Goths
Heidrek
Odin
Ragnar
Thora
Tofa
Yngvi

3. Beowulf et le dragon

Nous venons d'apprendre que les terres du Nord étaient infestées d'ogres et de créatures démoniaques. Seuls quelques hommes se sont montrés capables de maîtriser ce danger : les héros courageux. L'un des plus célèbres d'entre eux était Beowulf. Pourtant, au départ, il ne semblait pas être né pour être un héros. Au contraire, sa famille ne lui accordait pas beaucoup de crédit et le considérait même au début comme un bon à rien inutile !

Problèmes avec la famille

La famille de Beowulf était des gens importants à cette époque. Il s'agissait d'une famille royale qui descendait des dieux eux-mêmes et qui régnait sur le peuple des Goths. Vous n'avez jamais entendu parler des Goths ? Ce n'est pas inhabituel, car ce peuple mystérieux a disparu depuis longtemps et personne ne sait aujourd'hui qui ils étaient vraiment.

Beowulf savait bien sûr qui étaient les Goths, puisqu'il en faisait lui-même partie. Il a grandi dans la maison de son grand-père. Le roi Hredel, le fier prince guerrier des Goths, considérait cependant son petit-fils comme un faible. Beowulf préférait en effet errer seul quelque part dans la campagne plutôt que de s'entraîner sagement au combat avec les autres jeunes hommes des Goths.

Personne ne savait ce que Beowulf faisait lors de ses pérégrinations solitaires. Lorsqu'on le voyait au château royal, il se prélassait dans les environs et semblait rêvasser. De ce fait, personne ne prenait Beowulf au sérieux ou ne lui faisait confiance pour faire ne serait-ce qu'une petite chose. Mais c'était tout à fait faux ! Et Beowulf allait bientôt le prouver à sa famille.

La compétition de natation

Le grand-père de Beowulf, le roi Hredel, était un homme sociable et un hôte généreux qui aimait recevoir la visite de princes amis ou de leurs enfants. L'un de ces visiteurs était le jeune Breka, un fils de prince du pays voisin, la Norvège. Les Norvégiens n'étaient pas aussi énigmatiques que les Goths et moins belliqueux - c'est pourquoi ils se sont maintenus jusqu'à aujourd'hui et vous pouvez passer de merveilleuses vacances chez eux.

Beowulf et Breka entrent dans la mer

Breka était un jeune homme très sportif, qui savait parfaitement se battre et nager, deux qualités particulièrement appréciées chez les hommes à cette époque. Il aimait la compétition et invitait tous les jeunes hommes de son âge à se mesurer à lui - et bien sûr, il gagnait toujours. Cela le rendait un peu fier et exubérant, et comme il n'y avait plus personne à défier, il se tourna vers Beowulf. Comme nous l'avons entendu, ce dernier avait mauvaise réputation et personne ne le croyait capable de tenir tête à Breka - encore moins Breka lui-même, bien sûr.

Bien que l'hiver soit à nos portes, que la mer soit agitée et que le temps soit froid et orageux, les deux jeunes hommes se jetèrent à la mer et commencèrent à nager. Ils ne portaient rien d'autre qu'un maillot de bain et une épée, juste au cas où un monstre marin se faufilerait sur leur chemin.

Le temps était en fait bien trop mauvais pour nager, et il était plutôt imprudent de la part des jeunes hommes d'aller dans l'eau par temps de tempête et de nuages. Ils durent donc faire face à une forte houle et parfois affronter des vagues hautes comme des tours ! C'est alors que l'on pu voir qui était le meilleur nageur : Breka fut emporté et se sauva tant bien que mal jusqu'à la côte. Heureusement, il s'agissait de la côte de son pays natal, la Norvège, ce qui lui permit de rentrer directement chez lui au lieu de devoir marcher longtemps sous la pluie.

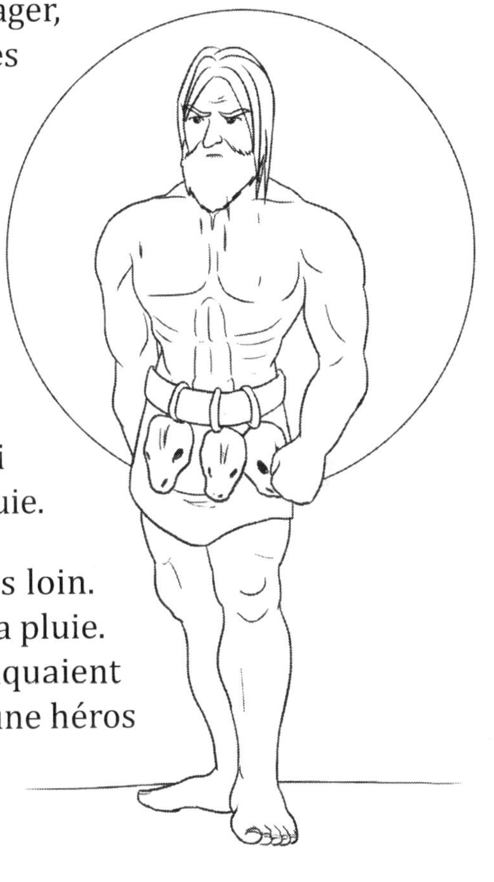

Beowulf avec les têtes des serpents de mer

Mais Beowulf continua à nager, toujours plus loin. Rien ne l'arrêtait, ni les vagues, ni le vent, ni la pluie. Et surtout pas les monstres marins qui l'attaquaient réellement depuis les profondeurs ! Notre jeune héros dut prendre l'épée neuf fois, et neuf fois il resta victorieux ! Il coupa la tête des serpents de mer et les attacha à sa ceinture. Il traînait derrière lui toute une queue de têtes coupées ! Ainsi, de loin, il ressemblait presque à un monstre marin. Mais comme il n'y avait pas de pêcheurs en mer par ce mauvais temps, personne ne pouvait avoir peur de lui.

Lorsque Beowulf revint finalement à la maison et remit à son grand-père les neuf têtes du serpent de mer, la joie fut grande. Oui, à cette époque, les hommes étaient encore de féroces guerriers et se réjouissaient de choses telles que des têtes coupées de monstres. Et les femmes aussi étaient très fières lorsque leurs fils ou leurs maris leur rapportaient de tels souvenirs. Aujourd'hui, nous nous offrons bien sûr des choses un peu moins dégoûtantes. Ou aimeriez-vous recevoir une tête de serpent de mer puante en cadeau d'anniversaire ?

Quoi qu'il en soit, Beowulf était désormais considéré par sa famille comme un grand héros et était accepté. Le roi Hredel offrit même à son petit-fils une magnifique armure en récompense de ses exploits. Dans cette armure, Beowulf avait l'air très impressionnant et les gens l'admiraient - même s'il était encore un peu particulier et aimait toujours se promener seul dehors. Il cherchait d'autres monstres pour les chasser et protéger les gens contre eux. Et des monstres, il y en avait suffisamment en ces temps sauvages - par exemple le terrible ogre Grendel.

Le voleur d'hommes Grendel

Dans sa quête aux monstres, Beowulf a rapidement rassemblé une foule de guerriers courageux. Ce ne fut pas difficile pour lui, car après avoir prouvé son courage en faisant la course à la nage avec le prince norvégien Breka et en tuant les neuf serpents de mer, tous les jeunes hommes du pays ne demandaient qu'à être ses amis. Ensemble, ils se mirent en route pour débarrasser le monde des monstres.

C'est du pays voisin, le Danemark, que Beowulf apprit l'existence du terrible ogre Grendel, qui donnait bien du fil à retordre au roi danois Hrodgar et à ses sujets. Hrodgar était un grand roi courageux qui avait mené son pays au bonheur et à la prospérité. Pour célébrer cette réussite, il avait fait construire un grand et magnifique hall pour lui et son peuple. Ce hall était décoré de têtes de cerfs, c'est pourquoi on l'appelait Heorot, le hall des cerfs. Le seul but de ce bâtiment était de célébrer des fêtes grandioses, qui duraient parfois toute une nuit !

Mais le bruit des fêtards, les chants et les rires incessants, effrayèrent un monstre terrifiant qui vivait non loin de là, dans un marais impénétrable et lugubre. Cet ogre s'appelait Grendel, et il n'était pas étonnant qu'il ne soit jamais invité à une fête : non seulement il était d'une laideur abyssale, mais en plus il ne se lavait jamais, sentait horriblement mauvais et n'avait absolument aucune manière de se tenir à table. Il rotait et pétait quand il en avait envie et hurlait sans cesse quand les gens essayaient de discuter raisonnablement. Et il détestait quand quelqu'un, quelque part, était joyeux et s'amusait.

Grendel devant sa prochaine victime

Ce Grendel se rendit donc à la salle des cerfs, illuminée pour l'occasion, et se mit à l'affût. Lorsque, à une heure avancée, les lumières s'éteignirent peu à peu et que le bruit se calma, les fêtards s'étant endormis les uns après les autres, il se faufila dans l'obscurité jusqu'à la grande salle de fête et attrapa le premier dormeur venu, l'emmena avec lui dans sa cachette et le mangea là. Grendel était en effet un terrible mangeur d'hommes !

Les Danois se rendirent vite compte qu'ils avaient un ennemi redoutable et firent désormais particulièrement attention, mais Grendel était si rusé et habile qu'ils ne le virent jamais. Il ne chassait que dans l'obscurité, se faufilant devant

Relie les points

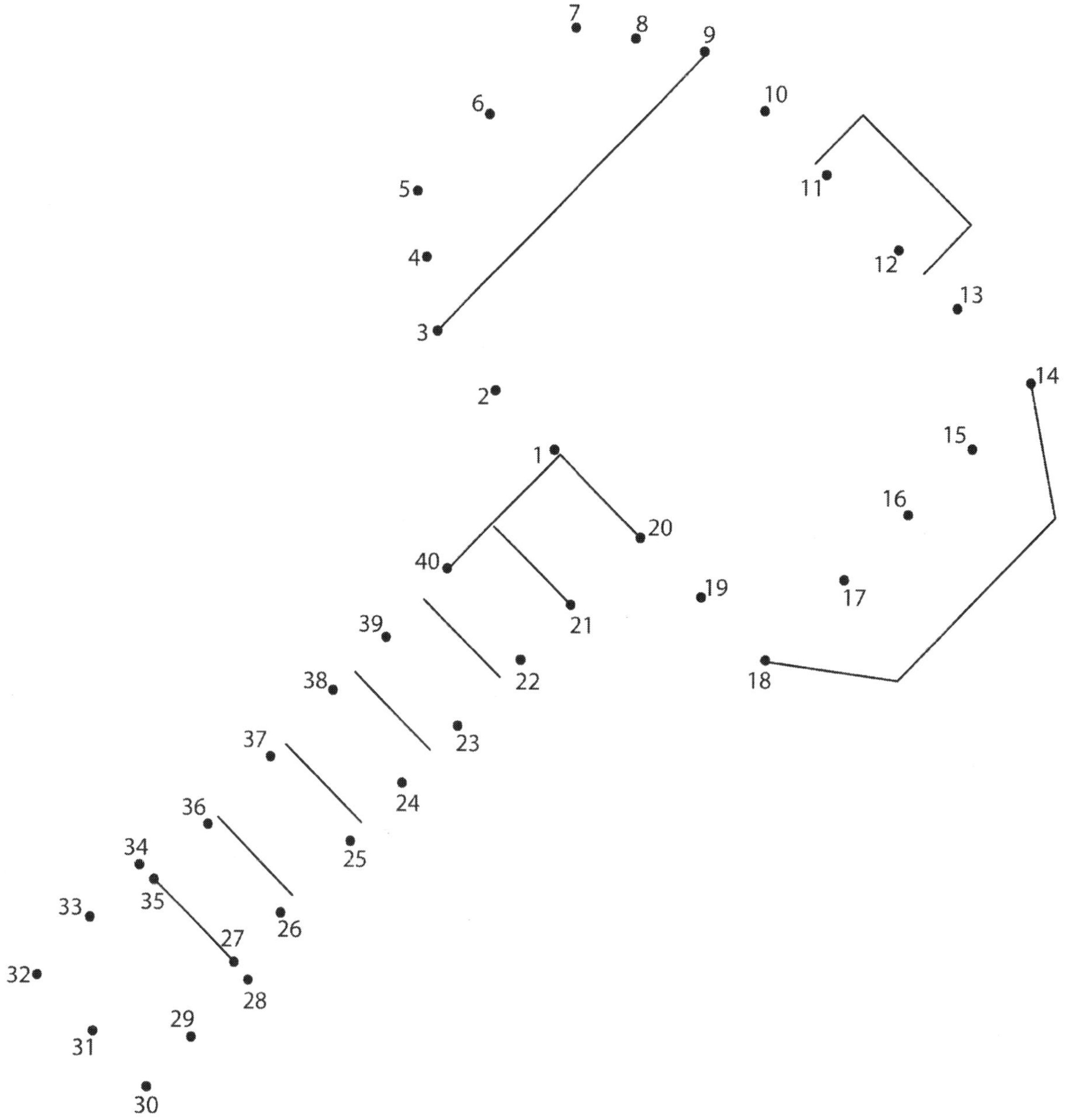

tous les gardes jusqu'à ce qu'il ait trouvé sa proie ! Ce n'est qu'au matin, lorsque le soleil se leva, que les Danois découvrirent qu'il manquait à nouveau l'un des leurs - et ils retrouvèrent les énormes traces de pas de l'énorme ogre et comprirent qu'ils ne pourraient pas tenir tête à un ennemi aussi redoutable. Le désespoir s'installa dans la salle des cerfs et plus personne ne pensa à faire la fête. Le joyeux roi Hrodgar devint donc tout triste et mélancolique.

Le combat de Beowulf contre l'ogre

Alors que le roi Hrodgar et ses hommes étaient assis dans une sourde agitation dans la salle désormais sombre et à peine éclairée, craignant constamment une nouvelle attaque du terrible monstre, un garde excité fit soudain irruption. L'homme annonça qu'un navire venait de traverser la mer, avec à son bord un guerrier en armure étincelante et une suite armée d'armes.

Alors que le roi Hrodgar et ses hommes réfléchissaient encore à l'identité des nouveaux arrivants, Beowulf, à la tête de ses hommes, entra dans la salle et s'avança vers le trône. « Grand roi des Danois, j'ai entendu parler des méfaits de Grendel à votre égard et je suis venu mettre un terme aux agissements de cet ogre ! », déclara Beowulf. Hrodgar s'en réjouit et ne s'opposa pas à ce que ses invités s'occupent de Grendel.

Beowulf se mit donc à l'affût. Il portait certes une armure complète, mais pas d'épée, car l'ogre Grendel ne portait pas non plus d'arme. Les amis de Beowulf objectèrent que Grendel avait certainement des dents et des griffes acérées pour cela, mais notre héros ne se laissa pas dissuader et insista pour combattre le monstre sans armes. Beowulf était très attaché à l'esprit sportif et au fair-play.

Mais Grendel était rusé et habile et, malgré la garde de Beowulf, il parvint à s'approcher discrètement de la salle et à saisir l'un des gardiens ! Beowulf se porta immédiatement au secours de son compagnon, mais ses coups rebondirent tout simplement sur la peau épaisse du monstre ! Une lutte acharnée s'engagea, Beowulf et l'ogre s'agrippant l'un à l'autre, chacun essayant de faire tomber l'autre avec une force meurtrière.

Lorsque Grendel réalisa que son adversaire n'était pas un homme ordinaire, mais un héros qui possédait la force de trente hommes, il voulut se dégager et s'enfuir, mais Beowulf le tint si fermement qu'il arracha les énormes bras du monstre. Dans des cris de douleur assourdissants, Grendel s'enfuit en saignant dans les marais.

Mais dans la salle des cerfs, une grande explosion de joie se fit entendre, car les hommes pensaient avoir définitivement surmonté le danger qui les menaçait. La grave blessure subie par Grendel allait finalement lui coûter la vie - il ne pouvait en être autrement. Ainsi, ils étaient enfin tous en sécurité et pouvaient continuer à célébrer leurs fêtes ! Seul Beowulf n'en était pas si sûr et repoussait les félicitations de ses amis. Il avait raison, car Grendel n'était pas seul - et la menace n'était pas non plus écartée. Mais les Danois ne se laissèrent pas décourager et commencèrent à célébrer la victoire avcc faste.

Grendel et sa mère

La mère de Grendel

Maintenant, on peut certainement dire beaucoup de mal de Grendel, après tout, c'était un véritable ogre qui mangeait volontiers un ou deux humains quand la petite faim se faisait sentir - mais c'était malgré tout un bon fils. Il était la fierté de sa mère et lui apportait toujours un beau bouquet d'os humains, de moisissures et de vrilles d'épines pour la fête des mères.

Lorsqu'il rentra chez lui, gravement blessé, et qu'il mourut sur sa couche, les Goths victorieux se réjouirent, mais pas la mère de Grendel. Elle décida de venger son fils.

Or, la mère de Grendel était elle-même une terrible femme des marais, un monstre aussi redoutable et fort que son fils. Les Danois, ivres de victoire, ne comprirent pas ce qui leur arrivait lorsque le second monstre s'abattit soudainement sur eux et massacra leurs plus valeureux guerriers.

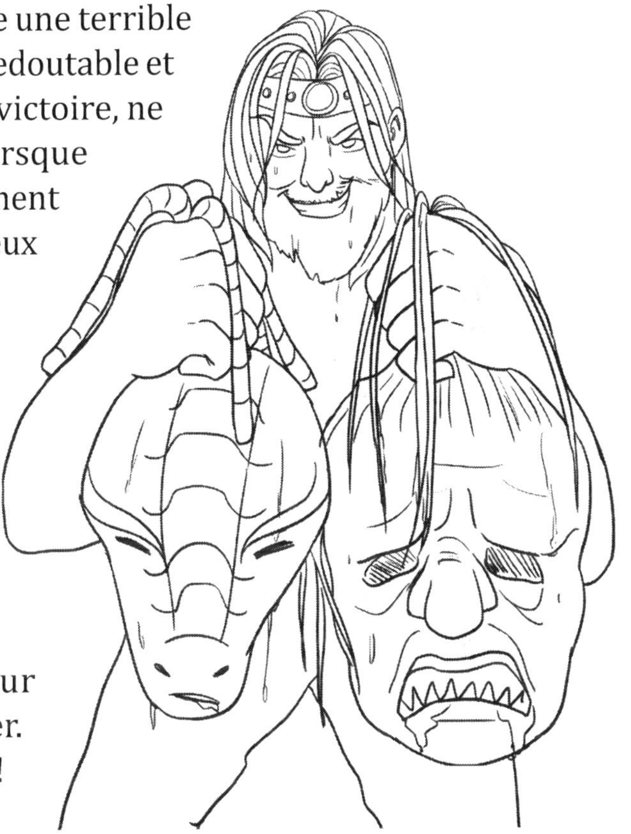
Beowulf avec les têtes de Grendel et de sa mère

La détresse était maintenant grande, car pour couronner le tout, Beowulf et ses hommes étaient déjà sur le chemin du retour. Les Danois envoyèrent rapidement des messagers à sa poursuite. Beowulf n'hésita pas et fit immédiatement demi-tour pour affronter lui aussi ce nouveau danger. « Ne nous plaignons pas, agissons ! », lança-t-il au roi Hrodgar, qui était assis sur son trône avec un visage très malheureux et n'avait plus vraiment envie de faire la fête.

Mais aux paroles audacieuses de Beowulf, le roi reprit courage et tous ensemble, ils partirent vers les marais où la mère de Grendel avait trouvé refuge. C'était un endroit hideux et dangereux : des vapeurs s'échappaient partout de l'eau saumâtre et des vers venimeux se faufilaient sous la surface couverte de bulles. Il y avait aussi une odeur épouvantable ! Mais les hommes savaient qu'ils n'étaient pas en train de s'amuser, mais qu'ils étaient en mission dangereuse.

Et cela devenait effectivement dangereux : car Grendel et sa mère n'avaient pas vécu seuls dans les marais. Partout, des petits lézards et des monstres apparaissaient et attaquaient les héros, qui se défendaient courageusement et tuaient beaucoup de ces monstres. Tous étaient terrifiés par la laideur grotesque des assaillants. Et tous savaient que contre la terrible reine de ces créatures, la cruelle mère de Grendel, un seul d'entre eux pouvait tenir : Beowulf.

La piste de l'ogresse hideuse menait tout droit à une mare bouillante, entourée d'un paysage figé et sans vie. Pas un seul oiseau n'osait y chanter, et les petits animaux comme les écureuils et les hérissons évitaient ce lieu de mort. C'est au fond de ce plan d'eau dangereux que la mère de Grendel avait trouvé refuge.

Les hommes se regardèrent, perplexes. Comment allaient-ils atteindre le monstre dans son repaire ? Un seul agit : Beowulf, en armure complète, se jeta dans le bouillon répugnant et plongea. La visibilité était mauvaise, et soudain, il fut saisi d'une poigne de fer ! C'était la mère de Grendel, qui tirait notre héros vers le bas avec une force implacable.

Beowulf à l'agonie

Alors qu'il commençait à manquer définitivement d'air, sa tête émergea de l'eau de manière soudaine et inattendue. Il se retrouva dans une grotte éclairée par la lueur blafarde d'une torche. C'était la cachette de Grendel et de sa mère ! Dans un coin, il découvrit le corps de Grendel - ou ce qu'il en restait. La mère de Grendel l'avait amené ici pour le punir de sa perte face à son fils mort ! En poussant des cris terribles, elle désigna d'un geste accusateur le corps sans vie de Grendel, qui gisait mort et silencieux dans son coin.

Mais Beowulf avait encore un atout dans sa manche, ou plutôt une épée dans sa ceinture. Il la sortit et, avant que l'ogresse ne s'en rende compte, il lui trancha la tête d'un seul coup. Et tant qu'il y était, il coupa également la tête de Grendel (qui n'en avait plus besoin) et ramena les deux têtes à la surface. Là, il les offrit au roi Hrodgar, très heureux, pour qu'il puisse les accrocher à son mur. À l'époque, on trouvait ça beau.

Beowulf et le dragon

Beowulf a connu un tel succès en tant que héros et tueur de monstres que sa famille l'a finalement placé sur le trône vacant après la mort du vieux roi Hredel. C'était tout à fait compréhensible, après tout, avec un homme aussi célèbre sur le trône, on pouvait faire bonne impression auprès des pays voisins. De plus, Beowulf avait conquis de nombreuses richesses au cours de ses voyages, et cela faisait du bien au trésor public ébranlé.

Des ambassadeurs et des envoyés venaient de partout pour voir le célèbre roi Beowulf en personne et écouter ses histoires. Et Beowulf leur fit la faveur de raconter : comment il avait vaincu Grendel et sa mère au combat, et bien sûr les nombreuses autres aventures que nous ne pouvons pas toutes raconter ici.

Mais secrètement, Beowulf s'ennuyait. Son trône était si confortable, sa salle si chaleureuse, sa vie si monotone et sans prétention. Il avait envie de nouvelles aventures ! Mais celles-ci étaient rares, car il avait pacifié son pays par ses exploits et aidé avec succès ses voisins contre leurs pires ennemis. Il n'y avait tout simplement plus de monstres à combattre dans les environs !

Alors que Beowulf ne pouvait plus supporter l'ennui, il apprit avec joie qu'un énorme dragon ravageait chaque nuit le pays, brûlant champs et prairies de son souffle enflammé et dérobant vaches et cochons. Beowulf enfila aussitôt son armure, ceignit son épée et se mit en route pour protéger son peuple contre le brigand volant.

Il refusa de prendre des aides et des compagnons avec lui. Il faisait probablement une petite crise de la quarantaine et voulait prouver que, malgré son âge, il était encore assez fort et rapide pour affronter un dragon. Ses amis et ses subordonnés étaient inquiets de cette demande. Ils craignaient que le vieux roi ne soit pas à la hauteur de ce défi.

Le brave écuyer Wiglaf, en particulier, qui vénérait beaucoup son roi, ne voulait pas accepter que Beowulf se batte seul contre le dragon. En secret, il suivit le héros sur son chemin. Et c'était bien normal, car le dragon était bien plus grand et plus dangereux que Grendel et sa mère. Aucun homme, pas même le plus courageux des héros, ne pouvait résister seul à un tel dragon !

Lorsque le jeune et courageux Wiglaf rattrapa son roi, Beowulf avait déjà affronté le dragon enragé. Le feu qui s'échappait de l'énorme gueule du monstre s'abattit sur le vieux guerrier et l'aurait certainement consumé si Wiglaf ne s'était pas interposé avec son bouclier. Le bouclier était si grand que le roi et l'écuyer pouvaient tous deux s'abriter derrière.

Alors que le dragon s'abattait avec rage sur les deux humains récalcitrants, Beowulf fit briller son épée et frappa le dangereux ennemi en plein cœur avec une grande habileté. Alors qu'il était encore à l'agonie, le monstre se saisit de son courageux adversaire et infligea une grave blessure à Beowulf avec ses griffes venimeuses.

Wiglaf tira rapidement son maître hors de danger, mais tandis que le roi et l'écuyer regardaient le dragon rendre son dernier souffle, ils comprirent que Beowulf ne survivrait pas non plus à cette journée. Wiglaf pleura des larmes amères, mais Beowulf lui demanda de l'aider à inspecter l'énorme trésor du dragon.

C'est ainsi que le célèbre roi et héros des Goths mourut dans l'éclat éblouissant de l'or, où se réfractaient les rayons rouges du soleil couchant. Lorsque les sbires du roi apparurent, Beowulf était déjà mort. Les hommes eurent honte que seul un écuyer ait trouvé le courage d'assister Beowulf dans son dernier combat. Ils érigèrent un grand et digne monticule funéraire en guise de tombeau et de souvenir pour le roi tombé. Quant au trésor du dragon que Beowulf avait capturé, ils s'en emparèrent et l'apportèrent aux sujets de Beowulf, qui purent ainsi vivre dans une grande prospérité et sans soucis.

Le mythe moderne : un nerd fort

Beowulf était différent. Et souvent seul. Les gens qui l'ont connu enfant et jeune homme l'ont mal jugé. Ils ne comprenaient pas grand-chose à son comportement et portaient sur lui un jugement rapide et hâtif. C'est un drôle de type, disaient-ils, pas comme nous, pas du tout normal et bon à rien. Mais ils se trompaient lourdement, et quand l'adversité fut grande, Beowulf montra ce qu'il avait dans le ventre. Tous ceux qui avaient secoué la tête à son sujet ont alors eu honte - et peut-être a-t-il été lui-même surpris par lui-même et ses capacités.

Peut-être que vous êtes différents et que vous ne suivez pas la vague du mainstream, que vous ne vous amusez pas de ce que tout le monde fait ? Peut-être avez-vous simplement besoin d'un peu plus de temps et préférez-vous allumer vos moteurs plus tard ? Beowulf possédait également des dons particuliers dont sa famille et ses amis n'ont pas tout de suite pris conscience. Mais quand il le fallait, il était là ! C'est pourquoi il est si important que les personnes différentes aient leur chance - parfois, ce sont justement ces personnes particulières qui font la différence à un moment donné.

Les mots croisés

1. Quel animal était le dragon sans ailes qui protégeait la princesse Thora?
2. Après la mort de quel roi Fridthjof et Ingibjorg ont-ils pu se marier?
3. Comment s'appelait la mère de Hlod?
4. Comment s'appelait le meilleur ami du guerrier Hjalmar?
5. Comment s'appelait le pays des humains?
6. Comment s'appelle le courageux assistant de Beowulf?
7. Quelle sorte d'arbre constituait le coeur du nouveau monde ?
8. Qui a été le premier propriétaire de l'épée Tyrfing?
9. Comment s'appelait le monde brumeux de l'hiver éternel au nord de Ginnungagap?
10. Comment s'appelaient les onze fleuves de glace empoisonnée?

4. Comment Ragnar Lodbrok a tué le lindworm et trouvé l'amour

Beowulf n'était pas le seul grand héros du Nord. Au Danemark aussi, il y avait un combattant célèbre. Il s'appelait Ragnar et était le fils du roi Sigurd. Ragnar était jeune, fort et extraordinairement habile au combat. Il aimait l'aventure et n'en avait jamais assez. Peu importe ce qu'il fallait faire, Ragnar était là. Toujours au premier rang, toujours bruyant et enthousiaste.

Ragnar Lodbrok sur son bateau

Une impétueuse terreur des mers

Son père fut bientôt dépassé par l'esprit d'entreprise de son fils et lui offrit un bateau pour qu'il ne soit pas constamment en train de semer la zizanie dans le château familial : en tant que

Viking, le fils entreprenant devait donc jouer avec les nerfs des autres capitaines sur la mer et se battre contre de féroces monstres marins.

Le prince Ragnar, très entreprenant, était bien sûr ravi du cadeau de son père ! Il prit immédiatement la mer et fit des vagues. Ses congénères admirèrent ses entreprises audacieuses et voulurent volontiers y participer. Bientôt, Ragnar eut tellement d'amis que son bateau n'était plus assez grand pour les accueillir tous. Ragnar acheta sans hésiter quelques autres bateaux et se retrouva ainsi avec une flotte entière, redoutée sur toutes les mers du nord et évitée même par les serpents de mer sauvages.

Il semblait que rien ne pouvait dompter le féroce Ragnar. Son père était simplement heureux que le jeune héros impétueux passe le plus clair de son temps sur la mer déchaînée et ne vienne pas semer la pagaille dans le château familial. C'est alors que Ragnar reçut un message particulier, un appel à l'aide qui changea tout et donna un nouveau sens à sa vie.

La belle princesse et le lindworm

Un jarl voisin, c'est-à-dire un prince nordique, possédait une fille magnifique, nommée Thora, qu'il aimait plus que tout au monde et qu'il protégeait jalousement. Il lui construisit une maison à part, où personne d'autre qu'elle ne pouvait vivre. Des serviteurs s'occupaient d'elle et chaque jour, il lui envoyait un nouveau cadeau.

Ce jarl, qui s'appelait Herraud, ne pouvait se le permettre que parce qu'il était très riche. Il devait la majeure partie de sa richesse aux raids qu'il menait en haute mer, comme Ragnar. Lors d'un de ces raids, il découvrit un jeune lindworm, c'est-à-dire un dragon sans ailes. Il le captura et l'envoya à sa fille comme animal de compagnie et gardien.

Le lindworm, qui se sentait très à l'aise avec Thora et qui était en outre nourri régulièrement et abondamment, grandit et grandit encore - jusqu'à ce qu'il soit finalement aussi grand que la montagne sur laquelle le jarl Herraud avait fait construire la maison pour sa fille Thora.

Et le lindworm, qui aimait beaucoup la belle princesse Thora, ne laissait plus personne la voir - pas même son père. Le pauvre jarl Herraud se rendit alors compte qu'il avait exagéré sa jalousie et ses cadeaux, et il chercha désespérément de l'aide. Ses hérauts partirent dans tous les pays et sur toutes les mers à la recherche d'un héros prêt à combattre le lindworm et à abattre le monstre.

La princesse, gardée par le ver géant

Le téméraire prince Ragnar entendit lui aussi cette nouvelle et eut du mal à garder les pieds sur terre tant il était enthousiaste. « Mettez les voiles, agitez les rames, chassons un lindworm ! » Ses hommes levèrent les poings et acclamèrent leur chef intrépide. Mais lorsqu'ils atteignirent l'île et la montagne au sommet de laquelle se trouvait la maison de la belle princesse Thora, et qu'ils aperçurent l'énorme corps tortueux du lindworm, beaucoup d'entre eux froncèrent tout de même les sourcils en signe d'inquiétude.

Tous les héros qui avaient tenté de vaincre le lindworm avaient été déchirés par ses griffes et ses dents. Car le lindworm possédait une propriété insidieuse : il était venimeux. Une blessure légère, une égratignure minuscule, suffisait à entraîner la mort de la personne concernée. De nombreux hommes courageux avaient déjà péri de cette manière, et il ne se trouvait plus personne pour engager le combat contre le lindworm.

Face à ce grand danger, l'équipe de Ragnar se demandait également s'il fallait vraiment engager le combat contre ce lindworm qui semblait insurmontable. Ragnar réfléchit un moment puis, à la surprise générale, acquiesça. « Ça ne sert à rien », dit-il, « nous faisons demi-tour ».

Lorsque le jarl Herraud constata avec horreur que le dernier héros restant battait en retraite, il sentit un désespoir glacial étreindre son cœur. Il craignait que sa fille Thora ne soit perdue à jamais. Dans son désespoir, il fit annoncer ce qui suit : celui qui tuerait le terrible lindworm obtiendrait en échange la main de la belle princesse Thora.

Labyrinthe

Un nouveau pantalon pour le prince Ragnar

Cette nouvelle parvint également au prince Ragnar, mais il ne fit malgré tout aucun effort pour changer de cap. Il y avait une bonne raison à cela : Ragnar n'était pas seulement exceptionnellement courageux, il était aussi intelligent. Il n'avait pas tendance à se surestimer et savait qu'il n'avait aucune chance contre le poison du lindworm sans protection particulière.

Il se fit confectionner un pantalon et un manteau en loden épais. Le loden est une laine particulièrement hirsute et épaisse. Il fit ensuite bouillir ces vêtements dans de la poix bouillante. Cela les rendait aussi rigides et solides qu'une armure impénétrable. Il est vrai qu'il avait l'air un peu étrange lorsqu'il enfila son pantalon épais et un peu trop grand et qu'il marcha d'un pas légèrement raide sur le pont de son bateau. Ses hommes, en tout cas, éclataient de rire et l'appelaient en plaisantant « Ragnar Lodbrok », ce qui signifie « Ragnar pantalon de loden » ou « Ragnar pantalon de hirsute ».

Ragnar et son équipage

Ragnar ne tenu pas rigueur à ses hommes de cette aimable moquerie. Après tout, il savait exactement ce qu'il faisait et pouvait rester calme ! Fort de cette nouvelle armure, il ordonna à ses hommes de remettre le cap sur l'île où la princesse Thora était retenue prisonnière par le lindworm.

Le combat de Ragnar Lodbrok contre le lindworm

Le jarl Herraud et ses hommes n'ont pas eu vent du retour du brave Ragnar. Ils étaient assis dans la salle du roi et affichaient des visages tristes. Tout leur semblait morne et sans espoir. La princesse Thora n'était-elle pas perdue - perdue pour le terrible lindworm qui se tordait sans fin ?

Ragnar, quant à lui, ne pensa même pas à se présenter au père de la belle Thora. Au lieu de cela, il se mit immédiatement en route vers le lindworm, qu'il comptait abattre non pas avec une épée, mais avec une lance. Il se glissa si discrètement et si habilement près du lindworm endormi que celui-ci ne le remarqua que lorsqu'il fut trop tard : Ragnar enfonça profondément sa lance dans le cœur de la bête. Le lindworm poussa un cri et entama une violente agonie. Les hommes de Ragnar, qui suivaient la scène à distance, craignirent que tout ne s'effondre sur eux.

Ragnar parvint à esquiver de justesse le lindworm enragé tout en retirant sa lance. Mais celle-ci était si profondément et si fermement enfoncée dans le cœur du monstre que la pointe resta coincée. Ragnar ne put rien y faire et dut se contenter de la hampe en bois de sa lance. Le poison du lindworm toucha son armure, mais le pantalon de loden, trempé dans la poix, ne laissa pas passer une seule goutte, si bien que le jeune prince s'en sortit tout à fait indemne.

De loin, il suivait avec ses fidèles l'agonie inexorable du lindworm. Lorsque l'énorme animal rendit son dernier souffle, ses fidèles lui donnèrent une tape bienveillante sur l'épaule. « Tu as fait du bon travail, Ragnar le pantalon hirsute ! »

Le bruit avait également attiré l'attention du Jarl Herraud et de ses hommes sur ce qui se passait. Le lindworm gisait mort dans un lac de son propre sang.

« Où est le héros qui a accompli cet acte ? », voulut savoir le jarl Herraud. Ragnar s'avança, mais le jarl et son entourage secouèrent la tête. « Tu as tout juste quinze ans et tu prétends avoir accompli un tel exploit que même les plus grands combattants de ma table n'auraient pas réussi ? Toi, avec ton drôle de pantalon dans lequel tu peux à peine marcher correctement » ?

Mais Ragnar Lodbrok prit sa hampe de lance et la planta dans le fer de lance qui se trouvait toujours dans le cœur du dragon. La preuve était ainsi faite qu'il avait été le seul héros à vaincre le lindworm au combat.

Le mariage de Ragnar et Thora

Maintenant, il ne restait bien sûr plus au jarl Herraud qu'à donner la main de sa belle fille au courageux jeune Ragnar Lodbrok. La princesse Thora était bien sûr enchantée d'avoir un jeune homme aussi beau et courageux. Elle craignait secrètement qu'un vieux héros tue le lindworm et obtienne sa main.

Ragnar Lodbrok et Thora célébrèrent un mariage somptueux. La tête du lindworm fut empaillée et exposée dans la grande salle de fête, et tous les visiteurs flânèrent devant, très impressionnés par l'audace du marié.

Ragnar et Thora vécurent heureux ensemble et eurent deux fils formidables, aussi courageux et habiles que leur père. Mais c'est une autre histoire.

Le mythe de la modernité : une adolescente fait sensation

Les jeunes n'en font souvent qu'à leur tête et débordent d'une envie d'entreprendre qui n'est pas toujours dirigée du premier coup vers des voies utiles. Leurs parents s'inquiètent alors et ne savent pas vraiment comment gérer cette soif d'action.

Ragnar n'avait que quinze ans lorsqu'il affronta le dragon et trouva l'amour de sa vie en la belle princesse Thora. Qu'on me dise encore que les adolescents ne peuvent pas accomplir de grandes choses. Bien sûr, cela ne veut pas dire que vous devez vous emparer d'un bateau et faire le tour de la mare aux canards la plus proche, mais vous ne devez jamais vous sous-estimer non plus.

Relie les points

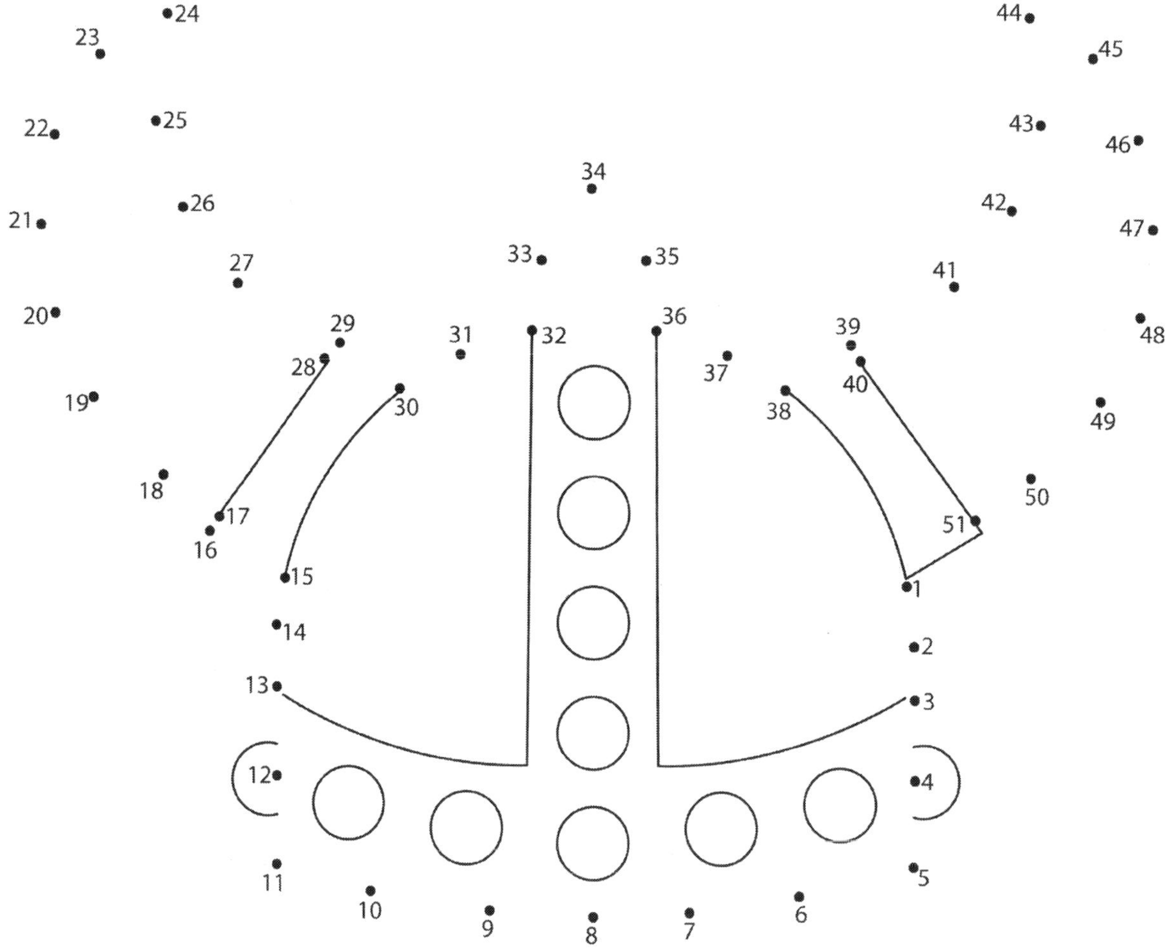

5. L'épée Tyrfing et ses maîtres

Les héros ont besoin d'armes. Avec une épée et une lance, ils tuent les terribles monstres qui menacent le pays. Ce faisant, ils font souvent preuve d'une étonnante habileté dans le maniement de leur équipement. Mais parfois, ce n'est pas l'homme qui manie l'épée, c'est l'épée qui guide l'homme et le pousse à faire des choses qu'il n'a pas vraiment envie de faire. L'une de ces épées était l'épée magique Tyrfing, une arme maudite qui conférait un grand pouvoir à son propriétaire, mais qui le plongeait souvent dans le malheur.

5.1. Svafrlami et Arngrim

Le premier maître de l'épée Tyrfing fut le jeune roi Svafrlami. Il avait toutes les raisons d'être fier, car il descendait de rien de moins qu'Odin - Odin, le roi des dieux, qui régnait dans le ciel sur le château des nuages d'Asgard !

Odin se promenait de temps en temps dans le monde des hommes, Midgard, lorsqu'il s'ennuyait dans son lumineux royaume des dieux. Lorsqu'il rencontrait une jolie fille, de préférence une princesse, il s'approchait d'elle sous la forme d'un beau jeune homme et lui tournait autour jusqu'à ce qu'elle l'entende enfin. Ensuite, il disparaissait généralement très vite, laissant la jeune fille le cœur brisé. Ce n'était pas très gentil, mais les dieux sont comme ça.

Le père du roi Svafrlami était issu d'une telle union. Il était donc un petit-fils d'Odin, et il le faisait savoir à tout le monde. Il se vantait de ses origines et se donnait beaucoup d'importance. Comme il descendait des dieux, il estimait qu'il devait régner comme eux. Il mena donc des guerres et soumit ses ennemis. Et comme tous les tyrans et les rois de guerre, il souhaitait disposer d'une arme puissante à cette fin. Ses forgerons devaient travailler jour et nuit, mais leur travail ne répondait pas aux attentes du roi.

C'est alors que le hasard - ou le destin ? guidé par son ancêtre Odin ? - lui vint en aide. Lors d'une chasse, le roi Svafrlami suivit un cerf de grande taille dans une gorge boisée. Il avait laissé ses compagnons derrière lui depuis longtemps et ne se souciait pas de savoir si ses hommes s'inquiétaient - il voulait seulement tuer le magnifique gibier qui lui donnait tant de fil à retordre. La tête et les bois feraient une magnifique décoration murale, et la viande un délicieux repas.

Soudain, une brèche s'ouvra devant lui : une grotte au milieu du versant boisé de la montagne. Deux petites silhouettes se tenaient devant cette ouverture. Mais le cerf avait disparu. Svafrlami comprit immédiatement qu'il devait avoir affaire à des nains, des petits compagnons extrêmement habiles qui possédaient d'immenses richesses et de mystérieux pouvoirs magiques. L'avidité brillait dans les yeux du roi.

Les nains le virent et lui adressèrent la parole. « Nous sommes Dvalin et Dulin, les forgerons les plus célèbres et les plus habiles des nains », dirent-ils, « le cerf que tu as poursuivi est notre propriété. Mais si tu y renonces et si tu ne nous fais pas de mal, nous te fabriquerons le bijou le plus merveilleux et le plus somptueux que tu aies jamais vu - bien plus magnifique que les bois d'un cerf ! Tout le monde l'enviera et chantera des chansons à son sujet ».

Svafrlami et les nains

Le roi Svafrlami réfléchit un instant, puis accepta. « Mais ce n'est pas un bijou que vous devez me confectionner », expliqua-t-il avec assurance, « mais une épée ! Une épée qui me rendra invincible et plus puissant que tous mes ennemis » !

Les nains balancèrent la tête. « Nous pouvons et allons exaucer ce souhait. Mais prends garde, roi, car une telle arme peut aussi se retourner contre son maître ».

Mais le roi Svafrlami ne voulait pas entendre parler de telles préoccupations. Seule l'épée l'intéressait. Et les nains tinrent parole : ils fabriquèrent une arme magnifique, comme personne n'en avait jamais vu auparavant. La poignée et la barre transversale étaient en or pur et brillaient comme la lumière du soleil ! Sa lame ne rouillait jamais et coupait même à travers le fer. Aucune armure au monde ne pouvait résister à sa puissance. Svafrlami brandit fièrement l'épée : maintenant, il était vraiment invincible !

Arngrim avec Eyfura et ses fils

« Prends garde, roi », dirent les nains. « Si tu dégaines cette épée, tu ne pourras pas la mettre de côté avant qu'elle n'ait pris une vie. Et à la fin, elle prendra aussi la tienne ».

Le roi Svafrlami se mit en colère et frappa les petits maîtres forgerons, mais ils avaient soudain disparu, tout comme le cerf. Il n'y avait cependant plus rien à voir de la grotte dans la montagne, seulement de la roche lisse et grise. « Peu importe », dit le roi, « j'ai eu ce que je voulais » !

Le roi Svafrlami donna à sa nouvelle épée magique le nom de Tyrfing et repartit à la guerre. En effet, il était invincible et gagnait tous les combats auxquels il participait. Comme il ne perdait jamais, mais ne faisait que gagner, il devint insatiable dans sa soif de guerre. Même dans la nuit la plus noire, la lame magique de Tyrfing brillait et faisait couler le sang de ses ennemis.

Mais à cause de son usage immodéré de cette arme puissante, le moment où l'épée magique Tyrfing se retournerait finalement contre lui se rapprochait de plus en plus. Svafrlami ne voulait pas croire à cette prophétie des nains, mais ses dénégations et ses doutes ne l'aidaient pas : dérangé par sa fureur démesurée, le Viking Arngrim apparut finalement, exaspéré par les cris et les batailles incessantes chez son voisin. A l'époque, il n'était pas possible d'appeler la police pour ce genre de trouble, il fallait prendre les choses en main.

Arngrim arriva donc avec toutes ses forces et battit les hommes du roi sanguinaire Svafrlami hors du champ de bataille. Le roi Svafrlami vint alors lui-même affronter son ennemi. Sûr de sa victoire, il frappa le Viking Arngrim avec son épée Tyrfing qui transperçait tout. Mais Arngrim était rusé et habile, il esquiva le coup d'un geste rapide et lorsque l'épée malencontreuse du roi se planta dans le sol dur, Arngrim trancha sans hésiter la main de Svafrlami, furieux, et retira lui-même Tyrfing de la terre.

Lorsqu'Arngrim brandit la lame de l'épée Tyrfing, qui brillait au loin, tout le monde sut que Svafrlami était vaincu et que le pays appartenait désormais aux Vikings. Arngrim épousa Eyfura, la belle et intelligente fille de Svafrlami, et eut avec elle douze valeureux fils. L'aîné de ces fils s'appelait Angantyr, et c'est à lui que son père Arngrim remit l'épée magique Tyrfing lorsqu'il fut en âge de la porter.

5.2. Angantyr et Hjalmar

Angantyr, le fils aîné du seigneur viking Arngrim, avait reçu de son père l'épée Tyrfing pour son 18ème anniversaire. Arngrim lui-même avait eu la sagesse de n'utiliser Tyrfing qu'en cas d'urgence, lorsque de terribles ennemis menaçaient le pays, si bien qu'il n'avait pas été lui-même touché par la malédiction et vivait heureux et satisfait avec sa femme Eyfura dans son château.

Hjalmar et Odd déterminés à affronter les assaillants

« Je te fais un cadeau précieux, mon fils », dit Arngrim à Angantyr, « manie l'épée Tyrfing avec soin, afin qu'elle ne te soit pas fatale ! » Angantyr le promit à son père, mais il était un grand bagarreur et n'évitait aucun combat, si bien qu'il utilisa bientôt l'épée plus souvent que ne l'avait fait son père.

Mais le sort s'acharna lorsque le jeune frère d'Angantyr, Hjörvard, tomba amoureux de la belle princesse Ingibjörg de Suède. Hjörvard alla voir le père d'Ingibjörg, le roi de Suède Yngvi, et lui dit : « Réjouis-toi, roi, car je veux épouser ta fille. Emballe-la donc bien, car je l'emmène tout de suite avec moi. Mais si tu ne me la donnes pas, j'irai chercher mes frères ».

Angantyr enterre Tyrfing avec son épée

Or, le bruit s'était répandu depuis longtemps jusqu'en Suède que Hjörvard et ses frères, Angantyr en tête, étaient de grands bagarreurs qui semaient la zizanie et la discorde partout où ils passaient. Ingibjörg n'était donc pas du tout tentée par la perspective d'épouser un tel fauteur de troubles. De plus, elle était déjà amoureuse du brave guerrier Hjalmar.

Hjalmar était beaucoup plus raffiné et gentil que le grossier Hjörvard, il ne coupait pas la parole aux gens, se lavait aussi derrière les oreilles tous les jours, mettait sa main devant sa bouche quand il bâillait et ne tapait pas constamment du poing sur la table. Pas étonnant qu'il plaise davantage à la charmante Ingibjörg et qu'elle veuille l'épouser !

Hjörvard n'avait pas envie de se faire rejeter. Si Ingibjörg et son père n'acceptaient pas de leur plein gré de le courtiser, il les y obligerait. Après tout, il avait onze frères aux poings épais et son frère aîné, Angantyr, portait l'épée magique Tyrfing et était donc invincible ! Hjörvard se frotta les mains, car la belle Ingibjörg valait bien la sienne.

Les frères de Hjörvard étaient bien sûr tout de suite prêts à participer à un petit vol de fiancée. Angantyr a dit au revoir à sa femme Tofa, qui était enceinte et attendait un enfant : « Je m'absente un moment pour aller voler une femme pour mon frère. Mais je serai de retour pour l'accouchement ! Ne commence pas sans moi ! » La pauvre Tofa soupira d'aise, car elle ne pouvait de toute façon rien changer à la volonté de son mari.

Hjörvard, suivi de ses onze frères, défila devant le château du roi de Suède et afficha un visage triomphant. « Roi de Suède ! », hurla-t-il en direction des créneaux. « Retire ta fille de là, sinon nous allons démolir ton château et il fera froid et glacial ! »

La porte du château s'ouvrit alors, mais ce n'était pas la belle princesse Ingibjörg qui apparaissait. Deux guerriers armés se tenaient devant les douze vikings sauvages. L'un était Hjalmar, qu'Ingibjörg aimait. L'autre était le meilleur ami de Hjalmar, Odd, un guerrier extrêmement courageux et fort. Les deux hommes étaient bien décidés à s'opposer aux assaillants et à défendre Ingibjörg et leur père.

Odd voulait se battre contre Angantyr, qui semblait invincible à cause de son épée magique Tyrfing. Mais Hjalmar ne voulait pas que son ami prenne ce risque et revendiqua le combat contre Angantyr, tandis qu'Odd s'opposait aux onze autres guerriers.

Odd était si courageux et habile que, dans ce combat inégal, il parvint à vaincre successivement les onze frères d'Angantyr - d'abord Hjörvard, puis les autres.

Il ne restait plus qu'Angantyr, qui se battait contre Hjalmar. Au début, il semblait que le propriétaire de l'épée magique Tyrfing sortirait victorieux de ce combat. Mais lorsqu'il eut infligé de nombreuses blessures au pauvre Hjalmar, la mesure du sang versé fut complète et la malédiction de l'épée Tyrfing s'accomplit pour la deuxième fois : Hjalmar porta son dernier coup au cœur d'Angantyr et le Viking s'écroula, mort, sur le sol.

Mais Hjalmar avait lui aussi subi des blessures si graves lors de son combat contre Angantyr que sa vie ne pouvait plus être sauvée. Dans son dernier souffle, il retira son anneau d'or de son doigt et le donna à son ami Odd, qui devait l'offrir à la belle Ingibjörg, en signe de son amour qui survivait à la mort.

Odd exauça fidèlement ce souhait. Mais lorsqu'il remit l'anneau à Ingibjörg et lui raconta la mort héroïque de Hjalmar, elle pâlit, tomba à terre et mourut de chagrin. Elle fut enterrée avec son Hjalmar bien-aimé.

Le père d'Ingibjörg, le roi de Suède Yngvi, voulait remettre l'épée Tyrfing à Odd, mais celui-ci refusa. Odd était intelligent et ne voulait pas de cette arme terrible. Il la fit enterrer avec son dernier maître, le terrible Angantyr - et ainsi, la terrible histoire de l'épée maudite Tyrfing aurait pu prendre fin. Si ce n'était pas - oui, si ce n'était pas la princesse Hervör.

5.3. La mise en valeur

Lorsque Tofa, l'épouse d'Angantyr, apprit la mort de son mari, elle en fut si triste qu'elle mit au monde son enfant sur le champ. Il s'agissait d'une fille appelée Hervör, qui devint une jeune femme d'une beauté extraordinaire. A chaque occasion, sa mère Tofa lui racontait les exploits de son père Angantyr - et de la légendaire épée Tyrfing.

Pour la belle princesse Hervör, ces histoires déclenchaient des fantasmes fous. Elle voulait faire comme son père, qu'elle n'avait jamais connu. Sans hésiter, elle enfila une armure, prit un bouclier et une épée et s'engagea sur un navire viking. Pendant un certain temps, elle traversa la mer avec les Vikings en pillant et en brûlant, et elle les amusa beaucoup.

Puis ils atteignirent les rivages brumeux d'un paysage côtier aride. L'équipage devint très nerveux, car on racontait partout que les esprits des morts enterrés rôdaient dans les environs. Hervör s'enquit avec curiosité de la raison pour laquelle les morts ne trouvaient pas le repos ici et on lui raconta qu'un grand héros viking et ses frères étaient enterrés ici. Ces derniers avaient été si belliqueux dans la vie qu'ils ne trouvaient pas la paix même dans la mort.

Hervör se sentit toute excitée, car elle ne put s'empêcher de penser à son père Angantyr ! Comme son équipage refusait obstinément d'accoster sur la côte maudite, elle se jeta à l'eau et nagea jusqu'à la terre ferme à travers les flots glacés. Là, elle erra jusqu'à ce qu'elle rencontre un berger qui pouvait lui indiquer le chemin vers les tumulus des morts. Mais bien qu'elle lui ait offert de l'or et des pierres précieuses, il n'était pas prêt à l'accompagner.

« C'est bien trop dangereux là-bas », dit-il, les genoux tremblants et les dents claquantes. « Sous la plus grande colline se trouve le seigneur viking Angantyr, qui n'a jamais été vaincu parce qu'il possédait la terrible épée Tyrfing. Or, c'est justement cette épée maudite qui lui a été fatale ».

Hervör exulta alors et se réjouit, car elle avait enfin retrouvé son père. Et seul son père savait ce qu'était devenue l'épée Tyrfing - l'épée qui ferait enfin d'elle une grande héroïne, qui n'aurait pas à se cacher des guerriers masculins. Certes, son père Angantyr était mort depuis longtemps, mais au cours de ses voyages, Hervör avait aussi appris bien des arts obscurs qui lui permettaient d'interroger les morts.

Angantyr conseille Hervör

Seule comme une mère, la courageuse Hervör se dirigea vers les tumulus dans la nuit noire, à la lueur d'une seule torche, et invoqua l'esprit de son père décédé en prononçant de sourdes paroles. Angantyr fut à la fois surpris et ravi de voir sa fille, même si, en tant que fantôme, il ne pouvait pas la prendre dans ses bras. Mais son désir de posséder l'épée Tyrfing le remplissait d'inquiétude.

« Tu ne sais pas ce que tu demandes, ma fille », dit Angantyr d'une voix creuse et sépulcrale. « L'épée apporte la mort et la ruine à tous ceux qui la possèdent et l'utilisent. Elle te mènera, toi et toute ta lignée, à la ruine ».

Mais Hervör ne se laissa pas décourager. Elle voulait montrer aux hommes et devenir une grande héroïne, et pour cela, elle avait besoin de l'épée - c'est du moins ce qu'elle croyait. Elle harcelait tellement le fantôme de son père et finissait même par le menacer de mauvais sorts qu'Angantyr finit par se laisser attendrir. Un vent tempétueux se leva, rugit et se déchaîna, soulevant un peu de roche et de terre de la tombe. Et c'est à cet endroit précis que se trouvait l'épée Tyrfing, avec sa poignée dorée et sa lame qui brillait comme de la lumière dans la nuit. Hervör s'empara immédiatement de l'épée.

Mais maintenant, un bon conseil s'imposait : Hervör possédait certes l'épée magique Tyrfing, mais pour le reste, elle était livrée à elle-même. Son équipage était parti depuis longtemps ! Pendant des jours, Hervör erra à travers le pays sans rencontrer âme qui vive ! Elle se nourrissait de racines et se lassa vite de cette vie.

Après une marche qui sembla interminable à la princesse Hervör, elle aperçut enfin un château et espéra y trouver bientôt un repas chaud et un lit confortable. Peut-être même un bain chaud et fumant ! Mais oh malheur : en s'approchant, elle constata que le château était assiégé et que de nombreux guerriers se battaient les uns contre les autres avec une force rageuse.

Hervör était furieuse. Ces gens et leurs querelles l'empêchaient de trouver enfin le repos ! Ses pieds lui faisaient mal et son estomac gargouillait. Sans hésiter, elle sortit son épée magique Tyrfing et commença à chauffer les assiégeants. Elle ne savait pas qui se battait ni pourquoi, mais elle savait qu'il y avait dans ce château tout ce à quoi elle aspirait. C'est pourquoi elle n'hésita pas à se ranger du côté des habitants du château et à aider à repousser les assaillants.

Elle s'y distingua par des exploits si grandioses et si brillants que tous les combattants la remarquèrent. Les habitants du château étaient bien sûr très reconnaissants envers Hervör et l'invitèrent à fêter avec eux la fin du siège.

Il s'avéra que le château appartenait au roi Gudmund. Le fils de ce dernier, le prince Höfund, était si courageux et si beau que Hervör n'eut soudain plus du tout envie d'être prise pour un homme. Elle se présenta comme une femme et secoua ses longues boucles blondes qui brillaient presque autant que la poignée dorée de l'épée Tyrfing.

Höfund fut enchanté et tomba immédiatement amoureux de la belle jeune femme. Le mariage fut bientôt célébré, Hervör posa l'épée dans un coin et donna naissance à deux fils. L'histoire de l'épée maudite Tyrfing aurait ainsi pu se terminer en beauté, mais il en fut autrement.

5.4. le roi Heidrek

Le roi Höfund et la reine Hervör vivaient très heureux et satisfaits dans leur château et élevaient deux fils qui étaient très différents dans leur caractère. Ils s'appelaient Angantyr et Heidrek. Angantyr avait reçu son nom du père de la reine Hervör, mais il n'avait rien de commun avec ce bagarreur impétueux et combattant, il passait au contraire pour un compagnon très poli et aimable, très apprécié partout et s'entendant bien avec tout le monde.

Heidrek écoute le festin

Le deuxième fils, Heidrek, était en revanche d'un tout autre genre. Il cherchait constamment la bagarre et s'attirait des ennuis, à lui et aux autres. Les ennuis le suivaient et s'il ne trouvait pas le trouble, il le faisait naître. C'était quelqu'un de foncièrement difficile, avec qui tout le monde avait des problèmes - tous sauf sa mère Hervör, qui lui était très attachée.

Lorsque le roi Höfund organisa un important banquet - nous dirions peut-être aujourd'hui un dîner d'affaires - auquel étaient conviées toutes sortes de personnes importantes de son pays et des royaumes voisins, il prit la précaution de rayer son fils Heidrek de la liste des invités afin qu'il ne puisse pas les contrarier. Heidrek en fut d'autant plus furieux et décida de se rendre à la fête en tant que personne non invitée et de gâcher la fête de son père.

Heidrek avec son frère mort

Lorsqu'il s'approcha de la salle magnifiquement illuminée et qu'il entendit de loin les rires et les chants et sentit l'odeur des mets délicieux, sa colère monta encore d'un cran, jusqu'à ce qu'il écume littéralement de rage. Une fête si merveilleuse, et il n'était pas invité ! Mais il leur montrerait à tous, il mettrait l'ambiance !

Les poings serrés, Heidrek entra dans la grande salle, mais avant même qu'il n'ait pu mettre ses plans à exécution, son frère Angantyr était déjà devant lui, l'accueillant chaleureusement et l'emmenant à sa place, où il s'assura que Heidrek reçoive les meilleurs mets de la table.

Mais Heidrek ne voulait pas se reposer et chaque fois qu'Angantyr se tournait vers d'autres clients ou ne pouvait pas surveiller son frère pour d'autres raisons, Heidrek commençait à se disputer avec tous ceux qu'il voyait et essayait même de déclencher une bagarre !

Lorsque son père Höfund s'en aperçut, il se mit très en colère et mit sans plus attendre le fauteur de troubles à la porte. Angantyr courut après Heidrek pour le réconcilier, mais Heidrek était si contrarié qu'il lança une pierre dans l'obscurité - Angantyr s'effondra en poussant un cri de douleur. Et quand Heidrek chercha son frère, il découvrit avec horreur qu'il l'avait tué. Maintenant, Heidrek était plutôt en colère et fauteur de troubles, mais il n'était pas un lâche - il assumait sa culpabilité et alla immédiatement voir son père pour lui avouer son méfait.

Le roi Höfund fut bien sûr furieux et envoya immédiatement Heidrek en exil. La reine Hervör n'était certes pas d'accord, mais elle ne pouvait rien y faire vu la gravité du crime, le fratricide. Elle fit des adieux chaleureux à son fils, lui donna toutes sortes d'objets utiles pour son voyage et lui remit finalement l'épée Tyrfing pour qu'il puisse se défendre contre tous ses ennemis à l'étranger.

Mais c'est là que les choses se gâtent, car une arme aussi puissante dans les mains d'un bagarreur incontrôlable comme Heidrek ne pouvait que mal tourner ! Et bien sûr, cela tourna mal, et très mal. Car Heidrek ne put s'empêcher de se battre et se mit à dos un grand nombre d'ennemis, jusqu'au roi des dieux Odin lui-même ! Mais reprenons les choses dans l'ordre.

Heidrek était très en colère, ce qui est compréhensible, alors qu'il errait seul à travers le pays et ne savait pas vraiment où aller. À un moment donné, il arriva dans un royaume dirigé par le vieux roi Harald. En raison de son âge, Harald était faible. De plus, il avait toujours manqué d'habileté militaire et perdait tous ses combats.

Chaque fois que les voisins du roi Harald lui faisaient la guerre (et il y avait beaucoup de guerres à cette époque), cela se terminait mal pour lui et il risquait de perdre son royaume une fois pour toutes. C'est alors que Heidrek sentit sa chance. Il se présenta au roi, se révéla être un combattant habile lors d'un tournoi et proposa de mener l'armée de Harald à la bataille. Comme le roi Harald n'avait de toute façon plus rien à perdre, il accepta cette offre.

Heidrek se battit donc à la tête de l'armée du roi Harald contre les assaillants, et comme il maniait l'épée magique Tyrfing, il put remporter tous ses combats. Ses hommes se réjouirent de leur chef victorieux et revinrent tous en triomphe auprès du roi Harald. Le vieux roi n'en revenait pas de sa chance : l'impétueux jeune Heidrek avait soumis tous ses ennemis et leur avait imposé de lourds tributs en punition de leurs attaques incessantes contre le royaume de Harald. Désormais, le roi Harald était à nouveau riche et indépendant.

Le roi Harald avait une fille qui s'appelait Helga. Et Harald se dit que ce serait une belle chose s'il pouvait marier sa fille Helga à son chef d'armée Heidrek. Heidrek serait alors son gendre et continuerait à mener toutes ses guerres - et à les gagner ! Car c'est surtout la victoire qui plaisait à Harald. Après toutes les défaites des années précédentes, il en avait assez de perdre.

Gestumblindi devant le roi

Or, Helga n'était pas vraiment laide et offrait au moins la perspective d'un bel héritage, si bien que Heidrek accepta volontiers. Le mariage fut donc célébré et un fils robuste naquit bientôt, que les parents appelèrent

Angantyr, en souvenir du frère de Heidrek qu'il avait tué par accident. Heidrek était désolé de cet incident et aurait voulu l'annuler.

Un jour, le vieux roi Harald mouru et Heidrek, son gendre, lui succéda sur le trône. À l'aide de l'épée magique Tyrfing, Heidrek pacifia tout le pays et soumis tous les ennemis. Il ne restait plus que de petites querelles. Heidrek connaissait la malédiction qui pesait sur l'épée et s'était promis de ne plus l'utiliser pour ne pas en être victime à son tour.

Pour résoudre ses querelles, le roi Heidrek ne voulait plus, à partir de ce jour, se fier à l'épée Tyrfing, mais à sa propre sagesse. Il invita ses ennemis à participer à un concours d'énigmes. Si un adversaire parvenait à lui poser une énigme, à lui, le roi Heidrek, qu'il ne pouvait résoudre, alors cet ennemi aurait gagné le combat.

Mais même dans ces combats, Heidrek était très efficace - et il semblait que même sans l'épée Tyrfing, il sortait toujours vainqueur de chaque dispute. Mais le sang que Heidrek avait versé avec Tyrfing ne devait pas rester impuni. En effet, il se laissa tenter une fois de plus par l'épée magique Tyrfing - et cela devait signifier sa fin.

Tout commença lorsqu'un homme se faisant appeler Gestumblindi apparut dans la salle de Heidrek. Lui aussi défia le roi Heidrek dans une compétition d'énigmes. Il posa de nombreuses questions, mais Heidrek put répondre à toutes. Les hommes du roi applaudirent, car ils pensaient que leur maître pourrait facilement remporter ce combat.

Gestumblindi posa alors une dernière question. « Dis-moi, roi Hreidek, quel secret le roi des dieux Odin a-t-il confié à son fils Baldur ? » Tout le peuple dans la salle retint son souffle. C'était une énigme d'une difficulté inouïe - car quel homme pourrait connaître les secrets des dieux ? Le roi Heidrek devint blanc de rage et comprit qu'il avait été trompé. Si cet homme connaissait les secrets des dieux, il devait en faire partie - et cela signifiait que ce mystérieux Gestumblindi n'était autre qu'Odin, le roi des dieux lui-même !

Dans sa rage incontrôlable, Hreidek se laissa aller à une fabuleuse bêtise : il sorti son épée Tyrfing et en frappa le roi des dieux ! « Tu es un imposteur, car toi seul connais la réponse à cette énigme et personne ne peut la deviner ! » Odin laissa échapper un rire tonitruant, se transforma en faucon et s'envola par la fenêtre. En s'envolant, il cria à Heidrek : « Tu as dégainé l'épée Tyrfing une fois de trop et tu as eu l'audace de la retourner contre le roi des dieux. Parce que tu as menacé la pierre précieuse des nobles, tu seras jugé par les plus petits des petits ! » Sur ce, il disparut en s'envolant dans un tourbillon de nuages, d'éclairs et des grondements de tonnerre.

La nuit même, le roi Heidrek fut tué par ses serviteurs. Il s'agissait d'esclaves qu'il avait capturés au cours de ses campagnes et qu'il avait forcés à travailler pour lui. Ils estimèrent que le moment était venu de secouer leur joug. Après le meurtre, ils s'enfuirent dans la nuit, emportant avec eux l'épée magique Tyrfing.

5.5. La vengeance du père d'Angantyr et la rencontre avec le frère Hlöd

Le roi Heidrek avait un fils, le prince Angantyr, qui fut très affecté par le meurtre de son père - et aussi par le vol de l'épée Tyrfing. Il se jura de n'accepter l'héritage de son père que lorsqu'il aurait trouvé et puni les assassins de son père et récupéré l'épée Tyrfing.

Angantyr se mit donc en route. Avec habileté et prudence, il suivit la piste des lâches assassins et se rapprocha de plus en plus des fugitifs. Il finit par atteindre un petit village de pêcheurs où ne vivait qu'une poignée d'hommes qui pêchaient dans la rivière toute proche. Au début, il n'y accorda pas d'importance particulière, mais il vit ensuite

Les pêcheurs avec l'épée Tyrfing

qu'ils utilisaient une magnifique épée pour décapiter les poissons capturés. À son grand étonnement, il reconnut la lame magique Tyrfing !

Angantyr se mit à l'affût et écouta en secret les conversations des pêcheurs. Ceux-ci discutaient de la mort du roi Heidrek, et Angantyr comprit qu'il avait enfin trouvé les assassins en fuite ! Mais tant qu'ils avaient Tyrfing en leur possession, il n'était pas question de se battre. Angantyr attendit donc que la nuit tombe et que les lâches assassins soient plongés dans un profond sommeil. Puis il se glissa dans leur camp, s'empara de l'épée Tyrfing et vint à bout de ses ennemis. Ceux-ci ne savaient même pas ce qui leur arrivait, et l'épée magique Tyrfing fit un ravage sanglant !

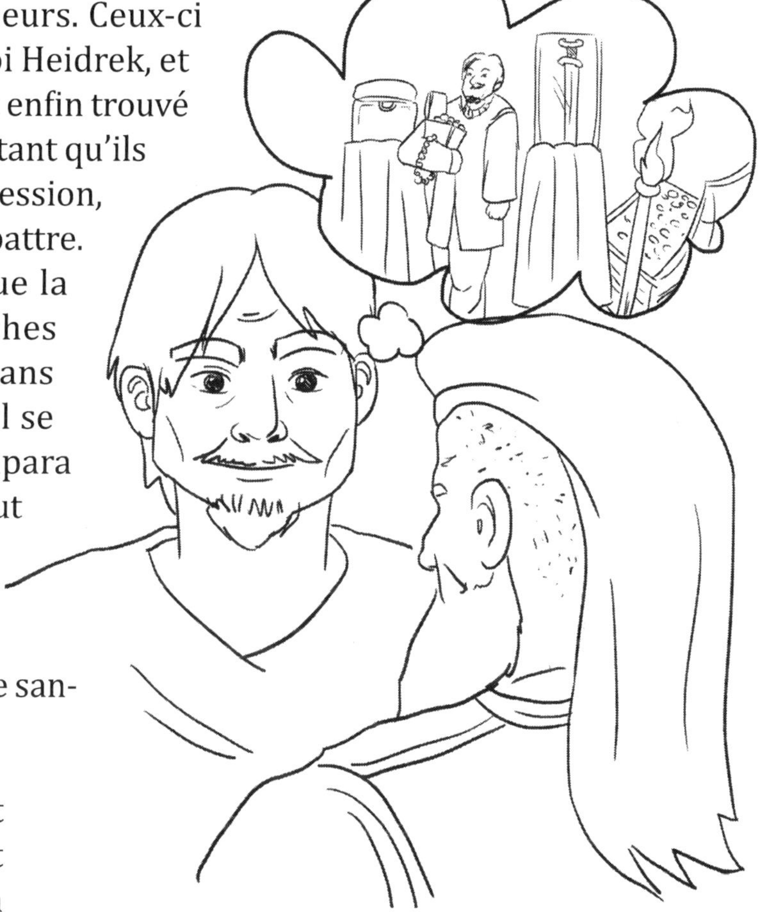

Angantyr offre une généreuse compensation à Hlöd

Angantyr, quant à lui, prit le chemin du retour et put enfin prendre possession de l'héritage paternel. Il était désormais le roi de tout le pays et personne n'osait lui contester cet honneur. Une grande fête fut organisée, à laquelle tous les nobles furent conviés, afin de confirmer le jeune roi dans sa nouvelle dignité. Angantyr avait mérité cet honneur, car il avait vengé la mort de son père et puni les assassins.

Mais alors que la fête du couronnement battait son plein, un étranger apparut soudain au milieu des fêtards. Il avait une apparence étrangère et portait une armure très différente de celle à laquelle les hommes du Nord étaient habitués.

Les guerriers plus âgés, qui avaient encore combattu sous les ordres de Heidrek et participé aux nombreuses campagnes du roi, reconnurent en l'étranger un membre des Huns. Les Huns étaient un peuple de cavaliers venus de contrées lointaines, de dangereux combattants et conquérants qui parcouraient le monde comme une nuée de sauterelles sur des chevaux rapides pour tout asservir. Ils étaient très craints et personne n'aimait se frotter à eux.

Le jeune homme qui se présenta alors devant le trône d'Angantyr, fraîchement couronné, était donc un de ces Huns. Il déclara s'appeler Hlöd et être un demi-frère d'Angantyr. Cette affirmation fit bien sûr beaucoup de bruit, mais Hlöd put tout expliquer : lorsque le roi Heidrek menait encore de nombreuses guerres pour sécuriser son pays, il y eut aussi des combats dévastateurs avec les Huns. Comme Heidrek maniait l'épée magique Tyrfing, il put également rester victorieux dans ces batailles. Les Huns furent vaincus, nombre de leurs nobles furent capturés et durent être libérés contre une forte rançon.

Parmi ces prisonniers se trouvait la princesse hunnique Sifka. C'était une très jolie fille, comme le sont les princesses, et le roi Heidrek l'apprécia. Il l'emmena dans sa tente et s'offrit une petite séance de bergerie. Plus tard, il la renvoya. Neuf mois plus tard, Hlöd naquit et grandit à la cour de son grand-père, le roi des Huns. Maintenant, Hlöd était venu réclamer l'héritage de son père.

Imaginez un peu ! Un jeune homme étranger se présente à la cérémonie de couronnement et réclame la moitié du royaume pour lui-même ! Le roi Angantyr, qui venait d'être couronné, n'était pas prêt à accepter la demande de son demi-frère, ce qui est compréhensible. Après tout, cela aurait signifié un net affaiblissement du royaume de son père !

Mais Angantyr était aussi un homme très honorable et décent, et il comprit que son père avait fait du tort à son demi-frère. Après tout, Hlöd avait vraiment droit à l'héritage. Il souhaita donc la bienvenue à son demi-frère et lui offrit une généreuse compensation : de riches trésors, des pierres précieuses, de l'or, de l'argent, des bijoux précieux et de nobles armes.

Hlöd réfléchit. La proposition n'était pas mauvaise - et Angantyr ne semblait pas être un mauvais bougre. On pouvait comprendre qu'un roi ne veuille pas partager son royaume. Et Hlöd avait toujours sa famille hunnique, à laquelle il pouvait retourner en tant qu'homme riche, très riche. Ainsi, il aurait obtenu son droit et sauvé la face, et une guerre aurait quand même été évitée.

Les signes d'un accord à l'amiable étaient donc présents et la fête aurait presque pu continuer joyeusement lorsque, soudain, un vieux guerrier prit la parole. Il s'appelait Gizur et avait déjà connu le vieux roi Heidrek lorsqu'il était encore jeune. Il avait également participé aux campagnes militaires contre les Huns et se souvenait encore très bien de toutes les mauvaises choses qui s'étaient produites pendant la guerre. Gizur détestait les Huns, qu'il ne voyait que comme des ennemis, et il cria au jeune prince Hlöd : « Prends ce qu'on t'offre ! C'est un cadeau princier pour le fils d'une sale captive et bien plus que ce que toi ou ta mère méritez » !

C'était bien sûr une insulte inouïe pour le jeune guerrier hun, une insulte qui ne concernait pas seulement lui-même, mais aussi et surtout sa mère. Et ce, au vu et au su de tous, car les fêtards alcoolisés présents dans la salle poussaient des cris enthousiastes en entendant le discours agressif de Gizur.

Hlöd devint pâle de colère, se détourna et quitta la salle sans un mot. Les rires s'arrêtèrent immédiatement, car toutes les personnes présentes savaient que ce départ brutal signifiait la guerre avec les Huns. Le vieux Gizur n'y voyait que du feu, car il était persuadé qu'une paix avec les Huns serait de toute façon impossible.

Ainsi, pour sa première soirée en tant que roi, Angantyr n'avait d'autre choix que de rassembler ses guerriers et de les préparer à une grande bataille. Lors de cette bataille, il savait qu'il rencontrerait également son frère Hlöd.

5.6. Bataille des Huns et lutte fratricide entre Angantyr et Hlöd

L'hiver était arrivé et le royaume du roi Angantyr se trouvait dans une paix apparente sous un blanc manteau de neige. Mais derrière cette façade tranquille, une grande tension guettait partout, car tout le monde savait qu'au loin, les Huns préparaient une puissante armée et qu'au printemps, lorsque la glace et la neige auraient fondu et que les chemins seraient à nouveau praticables, ils viendraient dans le nord pour faire la guerre.

C'est pourquoi les armes et les armures furent remises à neuf, les forgerons travaillèrent jour et nuit et les hommes s'exercèrent au métier des armes. Au printemps, lorsque les oiseaux commencèrent à chanter et que la première verdure jaillit timidement de la terre brune, les armées se mirent en marche pour bientôt abreuver de sang et de mort la vie qui venait de s'épanouir.

Il ne fallut pas longtemps pour que les premiers messages d'horreur parviennent au jeune roi Angantyr et à sa suite : Hlöd, le demi-frère profondément offensé, n'était pas venu seul. Humli, son grand-père, le roi vieillissant de tous les Huns, avait lui-même pris la tête de l'armée qui avait déjà franchi les frontières et démoli les fortifications. Tous les alliés qui gardaient le pays étaient tombés. Le nombre de Huns était presque incalculable et personne ne croyait encore à un sauvetage.

Afin d'éviter de nouvelles victimes parmi les paysans et les gens ordinaires de son pays, Angantyr décida de donner rendez-vous aux Huns à un endroit précis pour une bataille rangée. Celle-ci devait apporter la décision finale. Mais aucun de ses hommes n'eut le courage de se rendre seul chez les Huns en tant que messager pour leur annoncer la nouvelle.

En désespoir de cause, Angantyr offrit une grande récompense à quiconque accepterait d'accomplir ce service héroïque. Le vieux Gizur, qui avait autrefois provoqué cette guerre par ses provocations, se leva à nouveau. « Je n'ai pas peur des Huns. Je vais les rejoindre, mais je ne veux pas de récompense pour cela. Je le fais pour l'honneur du roi ! », s'exclama le vieil homme en s'éloignant à toute vitesse.

Il ne fallut pas longtemps à Gizur pour atteindre le camp des Huns. Et malgré son audace, il aurait eu toutes les raisons d'être effrayé : partout où il regardait, des guerriers huns campaient avec leurs chevaux de guerre et leurs tentes multicolores. Tout le pays, jusqu'à l'horizon, semblait n'être composé que de l'armée des Huns. La plupart des hommes auraient rebroussé chemin sur le champ, mais Gizur, malgré son implacabilité envers les Huns, était aussi un homme très courageux. Il continua à chevaucher.

Angantyr et ses hommes / L'épée Tyrfing

Lorsque le jeune prince Hlöd reconnut en Gizur l'homme qui les avait si mal insultés, lui et sa mère, à la cour du roi Angantyr, il voulut le faire saisir et tuer sur-le-champ.

Mais son grand-père, le noble roi des Huns Humli, se jeta dans les bras de son impétueux petit-fils. « Il est venu seul chez nous en tant que négociateur et est donc invulnérable. Laisse-le partir en paix - quand tu le rencontreras sur le champ de bataille, tu pourras te mesurer à lui ». Hlöd n'obéit qu'à contrecœur, mais il sentait que son grand-père avait raison.

Gizur fit savoir aux Huns ce qu'il avait à dire, sans oublier de glisser quelques remarques acerbes et méchantes. On peut imaginer que les Huns étaient furieux contre lui et auraient préféré le punir immédiatement. Mais le roi Humli accepta la proposition d'Angantyr et, fort de cette promesse, Gizur prit le chemin du retour. Il ne dit pas à ses hommes combien les Huns étaient nombreux, mais lors d'une conversation privée avec le roi Angantyr, il lui raconta à quel point ils étaient nombreux.

« Il n'y a qu'un seul espoir pour nous de gagner cette bataille », dit le roi Angantyr en posant une main éloquente sur la poignée de son épée magique Tyrfing. Gizur hocha la tête d'un air féroce. Il savait que Tyrfing avait déjà permis au père d'Angantyr, Heidrek, de vaincre les Huns. Il devait maintenant rendre le même service à son fils et nouveau roi.

Au jour et à l'endroit convenus, les armées des Huns et des hommes du Nord s'affrontèrent. Le roi Angantyr avait auparavant envoyé des messagers dans tous les pays du nord pour demander de l'aide contre les envahisseurs huns. Comme les autres rois et princes du Nord craignaient également les Huns, ils répondirent à cette demande et envoyèrent toutes leurs armées sur le champ de bataille. Ainsi, les hommes du Nord bénéficiaient d'un approvisionnement constant en renforts, tandis que le nombre de Huns diminuait de plus en plus pendant la bataille.

Lorsque les chefs des Huns, le jeune prince Hlöd et son grand-père Humli, virent que le sort de la bataille tournait à leur désavantage, ils cherchèrent à se battre en duel avec Angantyr. Mais ce dernier brandit la terrible épée Tyrfing et ouvrit d'énormes brèches dans les rangs ennemis. Même le brave Hlöd n'était pas de taille à l'affronter. Lorsqu'ils s'affrontèrent dans un combat acharné, le jeune Hun tomba bientôt à terre, mort. Angantyr dit tristement : « Si tu avais pris les richesses que je t'ai offertes, tu serais encore en vie et je ne serais pas un fratricide ».

Après son petit-fils, le roi Humli, déjà bien trop âgé pour participer à une bataille, tomba à son tour. Privés de leurs chefs, les Huns n'avaient plus rien à opposer aux hommes du Nord et durent subir une défaite écrasante.

Le roi Angantyr, quant à lui, honora ses ennemis tombés au combat et fit enterrer Humli et Hlöd avec tous les honneurs. À l'insu de tous, il fit glisser l'épée magique Tyrfing parmi les riches offrandes funéraires qu'il donna aux morts pour leur voyage vers le monde des morts. Depuis, plus personne n'entendit parler de cette arme redoutable. Angantyr, quant à lui, prit femme, eut de nombreux enfants et vécut heureux jusqu'à la fin de ses jours.

Le mythe moderne : le cadeau est encore trop cher - tout cadeau n'est pas un don

Vous aimez recevoir des cadeaux ? Probablement que oui. Tout le monde aime recevoir des cadeaux ! Pour l'anniversaire ou pour Noël, de la part de papa, maman, grand-père, grand-mère, oncle et tante. C'est tout à fait normal, et vous pouvez aussi accepter ces cadeaux et vous en réjouir. Mais attention : tous ceux qui veulent vous offrir quelque chose ne veulent pas forcément vous faire du bien.

L'épée Tyrfing était un cadeau précieux dont se réjouissaient tous ceux qui la recevaient. Ils pensaient ainsi recevoir une distinction, quelque chose de spécial qui les élevait au-dessus des autres. Mais en réalité, ce cadeau causa leur perte. Même si, à première vue, cela signifiait un changement de situation, à long terme, ce n'était pas un changement positif. Certains, comme la princesse Hervör, voulaient même forcer ce cadeau qui ne leur était pas vraiment destiné. Mais un cadeau doit être fait et reçu de plein gré et avec un cœur généreux.

C'est pourquoi vous ne devriez pas accepter n'importe quel cadeau à la légère. N'hésitez pas à regarder de plus près qui veut vous offrir quelque chose - et pourquoi. Et ne forcez pas ou n'exigez pas un tel cadeau, car il n'en résultera jamais rien de bon, mais plutôt quelque chose de mauvais. Parfois, l'attente est tout simplement la meilleure alternative, même si elle n'est peut-être pas aussi amusante au premier abord. Mais ce qui dure longtemps devient souvent très bon - comme dans notre prochaine histoire. Il s'agit à nouveau d'un chevalier courageux - et d'une princesse tout aussi courageuse et ferme.

6. Fridthjof, le courageux chevalier

Il y avait de nombreux royaumes dans le nord. Dans l'un d'eux régnait un vieux roi nommé Beli. Celui-ci possédait un très bon ami de longue date, nommé Thorstein, qui l'assistait dans tout ce qu'il entreprenait. Beli et Thorstein étaient inséparables, il n'y avait pas d'envie ni de jalousie entre eux. Beli faisait confiance à son ami et sollicitait ses conseils à tout moment, et Thorstein acceptait que Beli soit le roi et qu'il règne sur le pays.

La jalousie des fils du roi

Le bon roi Beli avait trois enfants, deux fils qui s'appelaient Helgi et Halfdan, et une fille qui s'appelait Ingibjörg. Les jeunes princes et la princesse jouaient souvent ensemble avec le fils de Thorstein. Ce fils s'appelait Fridthjof, et il était extrêmement gentil, courageux et habile. Il réunissait tant de qualités que les fils de Beli en devinrent vite jaloux. Alors que Helgi et Halfdan regardaient Fridthjof avec envie et fureur, la princesse Ingibjörg l'appréciait beaucoup.

Le roi Beli voyait avec inquiétude que ses fils ne s'entendaient pas bien avec son bon ami Thorstein et son fils Fridthjof. Lorsqu'il sentit que sa vie touchait à sa fin, il convoqua donc ses enfants et les exhorta vivement à maintenir de bonnes relations avec ses amis Thorstein et Fridthjof après sa mort. Sa fille Ingibjörg accepta avec joie, mais ses fils Helgi et Halfdan firent grise mine. Le roi Beli s'en rendait bien compte, mais il ne pouvait rien y faire et envisageait sa mort avec de sombres pressentiments.

Helgi et Halfdan prirent la succession de leur père et entretinrent des relations certes courtoises, mais très froides avec Thorstein et Fridthjof. Ils avaient encore un certain respect pour Thorstein, mais le vieux héros sentait bien que son fils n'était pas bien vu par les fils du roi. Lorsque Thorstein tomba malade et sentit qu'il rejoindrait bientôt son fidèle ami, feu le roi Beli, au royaume des morts, il convoqua également son fils Fridthjof et l'exhorta à maintenir la paix avec Helgi et Halfdan et à les soutenir de son mieux. Fridhtjof le promit volontiers à son père, mais il se doutait déjà qu'une dispute était inévitable.

Fridthjof, le valeureux chevalier, avec son trésor

Lors de l'enterrement de Thorstein, tout le monde était encore en paix, Helgi et Halfdan regrettaient la perte de Fridthjof et Ingibjörg pleurait l'homme qui avait été pour elle comme un deuxième père. Mais peu de temps après, les tensions commencèrent.

Fridthjof se montra extrêmement efficace dans tout ce qu'il entreprit : il gagna ses combats, tua le gibier le plus somptueux et amassa des trésors de plus en plus importants. Helgi et Halfdan avaient du mal à contenir leur envie et leur jalousie, car ils sentaient que le monde entier admirait et aimait Fridthjof plus que les fils du roi.

Mais Fridthjof était particulièrement aimé et admiré par la belle Ingibjörg, et il décida un jour de lui faire la cour. Mais il y avait un gros hic : comme le père d'Ingibjörg, Beli, n'était plus en vie, c'étaient les frères d'Ingibjörg, Helgi et Halfdan, à qui Fridthjof devait demander la permission de se marier.

Mais Helgi et Halfdan étaient si jaloux de Fridthjof qu'ils ne voulaient pas lui accorder ce souhait. Au lieu de cela, ils déclarèrent que seul un fils de roi pouvait faire la cour à leur sœur - après tout, Ingibjörg était une princesse et Fridthjof n'était que le fils d'un simple homme. Toute la richesse et l'héroïsme du monde n'y changeraient rien : Fridthjof n'était pas un prince.

On comprend que Fridthjof ait été très en colère en entendant cette décision. Furieux, il déclara aux frères qu'il leur refuserait toute aide future s'ils ne voulaient pas lui donner Ingibjörg en mariage. Les frères se contentèrent de rire et de dire que cela leur était égal, qu'ils n'avaient pas besoin de son aide. Fridthjof n'eut d'autre choix que de rentrer chez lui sans rien faire. Mais les frères Helgi et Halfdan allaient bientôt regretter leurs paroles hâtives.

Guerre et amour

Fridthjof était assis chez lui et se consumait de nostalgie pour sa bien-aimée Ingibjörg. Mais c'était aussi injuste : il possédait un magnifique domaine qui n'avait rien à envier aux fils du roi et était l'homme le plus riche du pays, un héros célébré et un conseiller recherché. Malgré cela, il ne devait pas épouser la princesse. C'était de la pure méchanceté de la part de Helgi et Halfdan !

Mais tant que Helgi et Halfdan veillaient sur leur sœur, le pauvre Fridthjof n'avait aucune chance de rencontrer Ingibjörg. Après tout, c'était une princesse qui vivait dans un château bien gardé ! C'est alors que Fridthjof fut aidé par une chose qui n'est pas vraiment compatible avec l'amour : la guerre.

Le puissant roi Hring, qui régnait sur un autre pays du nord et était connu pour ses campagnes militaires réussies, avait appris que les fils du roi, Helgi et Halfdan, s'étaient brouillés avec le plus célèbre héros de leur royaume, l'audacieux chevalier Fridthjof. Il y vit l'occasion d'ajouter une nouvelle conquête à ses nombreuses conquêtes.

Sans plus attendre, il prépara ses armées et ordonna de marcher sur le royaume de Helgi et Halfdan. Ceux-ci apprirent rapidement le danger imminent par le biais de leurs éclaireurs et firent sonner les cors pour que tous les guerriers se rassemblent pour défendre le pays. Ils envoyèrent également un messager à Fridthjof, le plus puissant combattant du pays. Mais Fridthjof ne songea même pas à venir en aide à ses frères qui l'avaient si honteusement traité.

Fridthjof donne son anneau à Ingibjörg

Avec tous ses hommes, Fridthjof resta en arrière lorsque Helgi et Halfdan partirent à la rencontre du roi Hring. Les mines des fils du roi étaient lourdes de soucis, car ils savaient que sans Fridthjof, ils n'avaient guère de chances de s'en sortir face aux puissantes armées de Hring.

Lorsque Helgi et Halfdan disparurent à l'horizon avec leurs guerriers, Fridthjof ne tint plus en place dans sa maison. Il voulut profiter de l'occasion et se dirigea vers la salle des rois, où Ingibjörg était restée seule avec une poignée de serviteurs. Ingibjörg était très heureuse de revoir son cher ami d'enfance et ils passèrent de bons moments ensemble. Cela dura tout le temps, pendant que Helgi et Halfdan étaient à la guerre.

Ce furent des semaines merveilleuses pour Fridthjof et Ingibjörg, mais finalement, des messagers apportèrent la nouvelle que Helgi et Halfdan étaient sur le point de revenir. Cela signifiait que les amoureux ne pourraient plus se voir. Ingibjörg en fut très triste. Fridthjof retira alors son lourd anneau d'or de son doigt et le tendit à sa bien-aimée en gage de son amour et en signe de fidélité mutuelle. Puis ils se séparèrent et attendirent le retour de Helgi et Halfdan.

Mais les fils du roi apportèrent de mauvaises nouvelles pour le jeune couple. De très mauvaises nouvelles.

La trahison des fils du roi

Helgi et Halfdan ne rentrèrent pas chez eux en vainqueurs. Ils furent vaincus par le roi Hring et son armée lors d'une grande bataille et furent faits prisonniers. Pour se racheter, ils durent promettre au vainqueur d'énormes sommes d'argent - et la main d'Ingibjörg, leur sœur. Pour sauver leur propre vie, Helgi et Halfdan promirent toutes ces choses.

Ingibjörg était bien sûr loin de se réjouir de cette évolution. Mais elle n'avait pas le choix : elle devait se plier à la décision de ses frères. Pour couronner le tout, Helgi et Halfdan apprirent que leur sœur avait rencontré Fridthjof en secret, et ce à plusieurs reprises ! Ensemble, ils envisagèrent de bannir Fridthjof de leur pays. Ils ne voulaient pas risquer un combat ouvert avec lui, car après la bataille perdue contre le roi Hring, leurs hommes étaient très affaiblis.

Finalement, les fils du roi et Fridthjof se mirent d'accord pour faire amende honorable : pour pouvoir payer le lourd tribut au roi Hring, Helgi et Halfdan avaient besoin de beaucoup d'or. Un vieil ami de leur père, qui régnait sur un royaume insulaire dans les eaux tumultueuses de la mer du Nord, avait autrefois emprunté de l'argent et ne l'avait toujours pas remboursé. Fridthjof devait maintenant entreprendre le périlleux voyage pour récupérer ce trésor et ses intérêts. Avec cet or, Helgi et Halfdan pourraient ensuite satisfaire les exigences du roi Hring.

Au début, Fridthjof ne savait pas s'il devait accepter cet accord. Mais ses amis le lui conseillèrent, car personne ne voulait d'une guerre. « Je vais vous chercher l'or », dit Fridthjof, « mais seulement si vous me promettez qu'il ne sera fait aucun mal à ma maison et à ma ferme pendant mon absence ! » Helgi et Halfdan promirent solennellement à Fridthjof qu'aucun mal ne serait fait à sa propriété tant qu'il serait en voyage à leur service.

Les fils du roi attaquent la maison de Fridthjof

Fridthjof se mit donc en route avec dix-huit hommes courageux et son navire rapide. Mais Helgi et Halfdan ne pensaient pas du tout à tenir leur promesse ! Ils voulaient se débarrasser de Fridthjof une fois pour toutes ! Dès que le brave chevalier eut pris le large, les fils du roi infidèles armèrent leurs hommes et attaquèrent la maison de Fridthjof. Ils brûlèrent tous ses champs et ses maisons, volèrent son bétail et massacrèrent ses serviteurs. Mais Fridthjof ne se doutait de rien.

Quand Ingibjörg apprit la trahison de ses frères, elle fit de gros reproches à Helgi et Halfdan. « Si Fridthjof revient, il se vengera de vous et nous aurons à nouveau la guerre dans le pays ! » Mais Helgi et Halfdan se contentèrent de se regarder d'un air entendu et de secouer la tête. « Fridthjof ne reviendra pas, ma sœur, nous y avons veillé depuis longtemps ». Ingibjörg frissonna à ces mots. Mais elle avait beau s'enfoncer dans le cœur de ses frères, elle ne parvenait pas à comprendre le sens de cette sombre prophétie.

Les exploits de Fridthjof

Pendant ce temps, Fridthjof se trouvait en haute mer et était relativement optimiste. Peut-être pourrait-il ainsi se rapprocher ou se réconcilier avec les fils du roi et gagner la main de sa bien-aimée Ingibjörg. Car il ne savait pas qu'Ingibjörg devait épouser le roi Hring. Il pensait qu'il ne s'agissait que de la rançon qu'il devait obtenir.

Perdu dans ses pensées, il ne remarqua pas que la houle s'intensifiait autour de son navire. Une énorme tempête se leva, avec des vagues hautes comme des tours, menaçant d'engloutir le navire et son équipage. Fridthjof et ses hommes eurent fort à faire pour échapper à cette violente tempête. Quatre marins furent même emportés par-dessus bord et perdus dans les ténèbres de la mer ! Lorsque les vagues se calmèrent, Fridthjof et son équipage pensaient avoir surmonté le pire. Mais c'était une erreur.

Il faisait de plus en plus froid, la glace et la neige apparaissaient, des nappes de brouillard recouvraient la surface de l'eau. C'était comme une malédiction ! Un tel temps n'était pas normal ! Fridthjof et ses hommes avaient perdu tout sens de l'orientation, alors qu'ils étaient sur une si bonne voie ! Pour avoir une meilleure vue de ce qui se passait, Fridthjof grimpa hardiment et courageusement le long du mât du bateau. Il ne voulait pas croire ce qu'il voyait de là-haut.

D'une part, on y voyait le royaume des îles, sa destination. Cela aurait été une bonne nouvelle ! Mais il y avait autre chose : une énorme baleine se trouvait entre son bateau et la côte de l'île. Et comme si cela n'était pas assez étrange, deux femmes étrangement vêtues dansaient sur le dos de la baleine. Elles étaient vêtues de peaux de bêtes et brandissaient des bâtons en os. Fridthjof comprit alors enfin ce qui se passait.

Les deux sorcières et leur baleine

Aussi vite qu'il le put, il se laissa descendre du mât et sauta devant son équipage : « Écoutez-moi, les hommes, cette tempête n'est pas un hasard ! Nous sommes tombés dans un piège ! Il y a deux sorcières là-bas qui sont responsables de tous ces malheurs ! Elles ont invoqué la tempête et une grande baleine avec laquelle elles veulent nous bloquer le chemin vers notre destination ! » Les hommes étaient très effrayés, car ils ne savaient pas comment agir contre la sorcellerie et les mauvais sorts.

Mais Fridthjof ne se laissa pas intimider. Il s'empara d'une lance et d'un javelot et remonta rapidement au sommet du mât. Auparavant, il avait demandé à ses hommes de mettre le cap directement sur la grande baleine.

Lorsque les sorcières s'aperçurent que le bateau se dirigeait délibérément droit sur elles, elles furent distraites de ce processus. Cela donna à Fridthjof l'occasion de prendre des mesures minutieuses et précises. Il lança rapidement sa lance et sa massue, touchant avec chaque arme l'une des sorcières, qui s'écrasèrent immédiatement dans la mer comme foudroyées. Le sort fut ainsi rompu, la mer se calma, le vent et le brouillard disparurent et la glace se brisa. La baleine géante se réveilla de son envoûtement et constata qu'elle n'avait rien à faire à cet endroit. Elle plongea rapidement et s'éloigna à la nage. La voie vers l'île était libre pour Fridthjof et ses hommes en liesse !

Fridthjof n'eut pas de mal à récupérer l'argent emprunté et les intérêts. Le prince des îles se révéla être un homme hospitalier, qui accueillit bien Fridthjof et les siens et leur fournit tout ce dont ils avaient besoin. Lorsqu'il apprit l'attaque des sorcières, il avertit Fridthjof que seuls Helgi et Halfdan, les fils du roi, pouvaient être à l'origine de cet acte. Mais la sorcellerie est un crime grave, et Fridthjof devrait donc se tenir à l'écart de ces scélérats. Fridthjof pensait à Ingibjörg et ne pouvait donc pas suivre ce conseil.

Le cœur inquiet, Fridthjof prit le chemin du retour. Il était persuadé que Helgi et Halfdan le menaçaient d'autres ennuis. Et lorsqu'il arriva enfin à son domicile et qu'il constata sa destruction, une grande colère s'empara de lui. Il était trop clair pour lui que les fils du roi, Helgi et Halfdan, étaient responsables de ce crime.

Pendant la nuit, Fridthjof et ses hommes se faufilèrent jusqu'à la plage où la flotte des fils du roi était ancrée. « Sabotez tous les navires du roi pour qu'ils ne puissent pas nous poursuivre. Pendant ce temps, je vais payer ma dette », dit-il à ses hommes d'un ton féroce. Puis il entra courageusement dans la grande salle - et fut très surpris de constater qu'Ingibjörg n'était pas présent.

Helgi et Halfdan étaient également surpris, car ils ne s'attendaient pas au retour de Fridthjof. Ils avaient même déjà convenu que Helgi garderait la salle de son père et que Halfdan pourrait reconstruire et prendre possession du grand domaine de Fridthjof. Le retour de Fridthjof n'entrait donc pas du tout dans leur plan. Lorsqu'ils remarquèrent son regard scrutateur, ils comprirent immédiatement qu'Ingibjörg lui manquait. Avec un sourire carnassier, ils révélèrent à

Frithjof tout ce qui s'était passé, y compris qu'Ingibjörg était devenue la femme du roi Hring. Pour le prouver, ils lui montrèrent la bague qu'il avait jadis offerte à Ingibjörg.

Frithjof était fou de rage. Il jeta aux fils infidèles du roi le sac d'or et de bijoux qu'il avait récupéré pour eux au péril de sa vie. Helgi fut frappé si violemment qu'il perdit deux dents et tomba de son trône. Fridthjof arracha l'anneau d'Ingibjörg à Halfdan et le poussa si violemment qu'il trébucha contre une torche qui se brisa et mit le feu à la salle du roi.

Fridthjof s'enfuit aussi vite qu'il le pouvait de l'enfer en flammes. Ses compagnons l'attendaient déjà. Ensemble, ils sautèrent sur le bateau et s'éloignèrent à la voile. Helgi et Halfdan ne purent pas se lancer à leur poursuite, car leurs bateaux avaient tous été détruits par les hommes de Fridthjof ! Helgi et Halfdan, remplis d'une rage impuissante, virent Fridthjof leur échapper tandis que derrière eux, leur salle autrefois somptueuse s'effondrait en feu et en fumée.

Retrouvailles avec Ingibjörg

Fridthjof ne savait que trop bien qu'il ne pouvait plus faire marche arrière. Dans sa patrie, il était désormais considéré comme un proscrit, un scélérat et un traître. Mais qu'importait Helgi et Halfdan, qu'importait sa maison détruite, puisque c'était Ingibjörg qu'il voulait absolument avoir. Il n'y avait donc qu'un seul objectif pour lui : le royaume du roi Hring, qu'Ingibjörg avait dû épouser.

Il se présenta à la cour sous un déguisement, reconnaissable uniquement à son anneau d'or. Le roi Hring, en dehors de ses campagnes, était un homme très hospitalier et affable, et il accueillit l'étranger dont la silhouette droite, le discours courtois et les bonnes manières lui étaient sympathiques. Mais la reine Ingibjörg reconnut la bague que portait Fridthjof et devint toute rouge d'embarras. Honteuse de ce qui s'était passé, elle refusa obstinément d'échanger le moindre mot avec son invité.

Le roi Hring était d'autant plus aimable. Il s'entendit bien avec Fridthjof et l'emmena dans de nombreuses entreprises où il admirait l'habileté et le courage de son invité. Une fois, Fridthjof sauva même la vie du roi Hring et de la reine Ingibjörg ! C'était lors d'une promenade en traîneau sur un lac glacé, lorsque la glace se mit soudain à éclater et que le traîneau menaça de s'enfoncer dans l'eau froide. Fridthjof se précipita alors et ramena le traîneau à terre à mains nues ! C'est dire si Fridthjof était fort et courageux.

Il n'est donc pas étonnant que le roi Hring ait une grande estime pour son invité. Il était bien plus âgé que Fridthjof et Ingibjörg et savait qu'il ne lui resterait pas beaucoup d'années à vivre. C'est pourquoi il profitait de la vie autant qu'il le pouvait. Il aimait particulièrement aller à la chasse. Un jour, il était seul avec Fridthjof, dont il appréciait la compagnie. Ils poursuivirent un cerf de grande taille et s'éloignèrent tellement du château qu'ils durent passer la nuit dans la forêt.

Le roi Hring et Ingibjörg rencontrent Fridthjof

Pendant qu'un feu confortable crépitait, le roi Hring se coucha pour se reposer. Alors qu'il dormait, Fridthjof se tenait seul devant lui et dégaina son épée. Il pouvait maintenant tuer l'homme qui lui avait pris Ingibjörg. La voie serait alors libre pour son grand amour ! Un seul coup, et tous ses problèmes seraient résolus ! Ou bien pas ? Fridthjof hésita et secoua finalement la tête. Ce n'était pas le roi Hring qui était responsable de sa détresse, mais seulement Helgi et Halfdan, les fils infidèles du roi. Il leva son épée et la jeta loin de lui. Il ne voulait pas faire de mal à Hring, le vieil homme sans défense.

Le roi Hring ouvrit alors les yeux, se redressa et regarda fermement Fridthjof. « Tu as donc enfin pris ta décision, Fridthjof. Je t'ai reconnu dès que tu t'es tenu dans le hall pour la première fois. Mais je voulais voir ce que tu allais faire. Laisse-moi te faire une proposition : je suis vieux et malade et je ne vivrai pas longtemps. Je sais que tu aimes Ingibjörg et qu'elle t'aime. Mes fils sont encore trop jeunes pour régner. Si tu me promets de protéger mon royaume et eux jusqu'à ce qu'ils soient en âge de me succéder, tu auras Ingibjörg et toutes les richesses que tu souhaites ».

Fridthjof comprit alors quel noble et sage souverain était le roi Hring et lui promit d'administrer fidèlement le royaume et de ne pas le trahir en revendiquant la royauté pour lui-même.

Fridthjof et Ingibjörg ensemble

Le roi Hring mourut peu après et Fridthjof put enfin épouser sa bien-aimée Ingibjörg. Il s'occupa des fils de Hring et leur enseigna tout ce qu'ils devaient savoir pour devenir des souverains sages et courageux. Lorsqu'ils furent assez grands, ils succédèrent à leur père, mais Fridthjof et Ingibjörg retournèrent dans leur ancienne patrie.

Les traîtres Helgi et Halfdan régnaient encore à l'époque. Mais lorsqu'ils virent combien Fridthjof était devenu puissant et que les armées du roi Hring le suivaient, ils surent qu'ils ne pouvaient rien faire contre lui. Ils reconnurent leurs torts et se soumirent à Fridthjof et à sa sœur Ingibjörg.

Fridthjof et Ingibjörg régnèrent en paix pendant de nombreuses années et eurent deux fils qui n'avaient rien à envier à leur père en termes de bravoure et de témérité.

Le mythe moderne : du courage et un grand amour

Les chevaliers sont courageux, c'est évident ! Sinon, ils devraient choisir un autre métier. Mais le courage seul ne suffit pas - il faut aussi l'utiliser intelligemment. Sinon, le courage devient vite de la frivolité et mène à l'erreur. Pour Fridthjof, son courage était étroitement lié à son grand amour pour Ingibjörg - mais malgré tout son courage, il n'en est pas devenu imprudent pour autant. Lorsqu'il apprit qu'Ingibjörg avait été donnée en mariage au roi Hring, il aurait pu rapidement commettre de nombreuses erreurs. Mais malgré toute sa colère justifiée, il a réagi avec prudence et put ainsi arranger les choses. Que se serait-il passé s'il avait tué le roi Hring ?

Le courage est une chose importante et bonne. Mais le courage ennobli par l'amour est incomparablement plus précieux. Car un tel courage n'agit pas seulement pour son propre objectif, mais aussi pour le bien des autres. Un tel courage garde toujours à l'esprit l'ensemble du tableau et pas seulement un détail. Un vrai héros n'est pas seulement courageux, il est aussi affectueux - envers ses parents, ses frères et sœurs, ses amis et bien sûr sa bien-aimée. Même si elle ne s'appelle pas Ingibjörg et n'est pas une princesse.

7. Les dieux et les héros les plus importants de la mythologie nordique

Les dieux de la mythologie nordique vivaient dans un monde appelé Asgard, mais ils n'étaient pas loin de la vie des mortels à Midgard, le monde des humains. À travers leurs histoires et leurs aventures, les anciens Nordiques trouvaient des explications aux phénomènes naturels et des leçons de vie. Ces dieux, avec leurs forces et leurs faiblesses, étaient très proches des expériences humaines, leur apportant réconfort et conseils. Ci-dessous, nous allons nous pencher sur les dieux les plus importants.

Odin

Odin, connu sous le nom de « Père de tout », est le dieu principal de la mythologie nordique. Il est associé à la sagesse, à la guerre, à la bataille et à la mort, mais c'est aussi le dieu de la connaissance, de la magie et de la poésie. Odin est célèbre pour sa quête incessante de connaissances, allant jusqu'à sacrifier l'un de ses yeux au puits de Mimir pour obtenir la sagesse cosmique. Il est représenté comme un vieil homme à la longue barbe, armé de sa lance, Gungnir, et accompagné de ses deux corbeaux, Huginn et Muninn, et de ses deux loups, Geri et Freki. Odin règne sur Asgard et possède deux grandes halles, Valhalla et Sessrúmnir, où il reçoit les guerriers tombés au combat.

Thor

Thor est le dieu du tonnerre, célèbre pour sa force surhumaine et pour son marteau, Mjölnir, l'une des armes les plus puissantes et les plus redoutées de la mythologie nordique. Fils d'Odin, Thor est un vaillant protecteur des dieux d'Asgard et des humains de Midgard. Il est dépeint comme un homme d'une grande force, d'un grand courage et d'un caractère impétueux. Thor est connu pour ses nombreuses batailles contre les géants et pour son rôle crucial dans la défense d'Asgard.

Freyja

Freyja, l'une des principales déesses, est la déesse de l'amour, de la beauté, de la fertilité et de la magie. Sœur de Freyr et membre des Vanir, Freyja est une figure du désir et de l'allure, mais aussi une redoutable guerrière et une maîtresse de la magie. On dit qu'elle se déplace dans un char tiré par deux chats et qu'elle possède le collier magique Brisingamen. Freyja préside également le Fólkvangr, où elle reçoit la moitié de ceux qui meurent au combat (l'autre moitié va au Valhalla).

Loki

Loki, souvent décrit comme le « dieu de la malice », est un personnage complexe et ambigu de la mythologie nordique. Bien qu'il fasse partie des dieux Ases, Loki est un géant de naissance. Il est connu pour sa vivacité d'esprit, sa capacité à se métamorphoser et pour causer toutes sortes d'ennuis aux dieux et aux mortels. Malgré ses farces et ses tromperies, Loki joue un rôle crucial dans de nombreux mythes nordiques, aidant souvent les dieux grâce à ses solutions astucieuses, mais provoquant également des événements qui mènent au Ragnarök, la fin du monde.

Frigg

Frigg, épouse d'Odin et reine des dieux, est la déesse du mariage, de la maternité et du foyer. Elle est considérée comme une déesse de la prophétie, bien qu'elle ne partage pas ce qu'elle sait. Frigg est connue pour sa sagesse et on dit qu'elle a la capacité de voir le destin de tous, mais qu'elle ne le révèle jamais. Elle est représentée comme une figure maternelle bienveillante et protectrice, et est vénérée comme un symbole de la dignité et de l'amour maternel.

Balder

Balder, le fils d'Odin et de Frigg, est le dieu de la lumière, de la beauté et de la bonté. Il est décrit comme le plus beau et le plus gentil des dieux, aimé de tous à Asgard. La mort de Balder, causée par la tromperie de Loki et profondément pleurée par les dieux, est l'un des événements les plus importants et les plus tragiques de la mythologie nordique, marquant une étape cruciale vers le Ragnarök.

Heimdall

Heimdall est l'observateur des dieux, gardien du Bifröst, le pont arc-en-ciel qui relie Asgard à Midgard. On dit que Heimdall a besoin de moins de sommeil qu'un oiseau, qu'il peut voir à des centaines de kilomètres et qu'il a l'ouïe si fine qu'il peut entendre l'herbe pousser. Il souffle dans le Gjallarhorn pour alerter les dieux en cas de danger. Heimdall est connu pour son inimitié envers Loki et joue un rôle crucial dans le Ragnarök.

8. Mot de la fin

Voilà, c'est fini ! Les histoires sont terminées ! Ou pas du tout ? Après tout, les dieux ne dorment jamais - et les héros ont toujours du pain sur la planche. Peut-être qu'à l'heure où vous lisez ces mots, une nouvelle aventure se produit : un nouveau géant naît de l'abîme de feu et de glace, un dieu ancien murmure de sourdes prédictions et un héros reçoit une arme merveilleuse. Car il y a bien sûr bien plus dans les nombreuses légendes et histoires du Nord que ce que nous avons lu et entendu ici. Mais la place nous manque tout simplement pour raconter toutes ces histoires merveilleuses qui rendent le Nord glacial si coloré et si vivant. Nous n'avons pas encore entendu parler de Sleipnir, le cheval à huit pattes d'Odin, avec lequel il traverse le pont arc-en-ciel Bifröst pour descendre du haut château des dieux, Asgard, vers le monde des hommes. Nous n'avons pas encore entendu parler de Fenris, le loup divin sauvage qui combattra les dieux à la fin du monde. Nous ne savons pas non plus comment Baldur, le fils préféré d'Odin, est mort. Ou comment Thor a obtenu son marteau, Mjölnir, que les forgerons nains ont créé dans le cadre d'une compétition. Comment Sigurd a tué le dragon et obtenu l'invulnérabilité. Vous voyez, il y aurait encore beaucoup à découvrir - mais un début a été fait. Le premier regard sur le monde mystérieux des dieux et des mythes nordiques est réussi. Et qui sait ce que l'avenir vous réserve ? Si vous n'en avez pas encore assez des dieux et des héros, vous pouvez aussi vous pencher sur les dieux et les héros de la Grèce antique. Ils ont en effet vécu beaucoup de choses - et certaines d'entre elles ont déjà été écrites pour vous dans un autre petit livre de cette série. Jetez-y un coup d'œil !

9. Questions et réponses

1. Que faisait la vache Audhumbla quand elle avait faim ?

Réponse : page 6, section « Le géant Ymir et la vache Audhumbla »

2. Quels noms Odin et ses frères ont-ils donné aux premiers humains qu'ils ont créés ?

Réponse : page 10, section « Le monde humain de Midgard »

3. Qu'est-ce que Beowulf aimait faire, contrairement aux autres jeunes hommes ?

Réponse : page 15, section « Problèmes avec la famille »

4. Combien de fois Beowulf a-t-il dû utiliser l'épée dans sa compétition contre Breka ?

Réponse : page 16, section « La compétition de natation »

5. Pourquoi le père de Ragnar a-t-il donné un bateau à son fils ?

Réponse : page 29, section « Une impétueuse terreur des mers »

6. Que signifie Ragnar Lodbrok ?

Réponse : page 34, section « Un nouveau pantalon pour le prince Ragnar »

7. Quels sont les noms des forgerons nains que le roi Svafrlami a rencontrés ?

Réponse : page 40, section « Svafrlami et Arngrim »

8. Qu'a fait le roi Yngvi avec l'épée Tyrfing ?

Réponse : page 44, section « Angantyr et Hjalmar »

9. Pourquoi le roi Höfund a-t-il décidé de ne pas inviter Heidrek au grand banquet organisé dans son royaume ?

Réponse : page 52, section « Le roi Heidrek »

10. Qu'est-ce qui a permis aux gens qui ont tué le roi Heidrek de s'échapper ?

Réponse : page 58, section « La vengeance du fils d'Heidrek, Angantyr, et sa rencontre avec son demi-frère Hlöd »

11. Pourquoi le roi Humli n'a-t-il pas permis à Hlöd de tuer Gizur ?

Réponse : page 62, section « La bataille des Huns et le combat fraternel entre Angantyr et Hlöd »

12. Quels sont les noms des trois enfants du roi Beli ?

Réponse : page 67, section « La jalousie des fils du roi »

Cher lecteur,

Avez-vous aimé ce livre? Vos suggestions d'amélioration, vos critiques et vos questions sur le livre sont les bienvenues.

L'opinion et la satisfaction de nos lecteurs sont très importantes pour nous.

N'hésitez pas à nous contacter en envoyant un e-mail à **bookweltergmbh@gmail.com**

Nous nous réjouissons de recevoir votre message.

Cordialement

Book Shelter

Manufactured by Amazon.ca
Bolton, ON

42529919R00052